내 몸을 살리는

# 면역음식

김남수 · 안성근 공저

건강을 되찾고자 하는 분들과 면역증진이 필요한 암 환자, 노인 그리고 균형 잡힌 식단이 필요한 현대인들을 위한 건강 지침서

기문사
www.kimoonsa.co.kr

## 머리말

모든 학문의 길에서 기초는 매우 중요하다. 기본은 단순하게 아는 것을 넘어 실제 상황에서 바로 적용할 수 있도록 배우고 익히는 학이시습지(學而時習之)의 체득화 과정이기에 중요한 것이다.

세상의 모든 이치가 그렇다. 괴테의 명언 중 "스스로를 지배하는 힘"(우리는 경쟁시대를 살아가며 남들보다 더 위로 올라가기를 기대한다)이란 말이 있듯이 면역음식 역시 더 나은 방향으로 발전하고 연구하여 면역음식이 필요한 분들에게 길라잡이가 되는 책이 되길 바라는 마음이다.

21C에는 어떤 직종을 망라하고 전문화 · 세분화되어가고 있다. 호텔, 외식 서비스업에서 음식을 연구 · 개발하는 조리사들도 세분화되어 각 분야의 전문 조리사가 필요한 시대가 되었다.

이는 사회의 흐름과도 무관치 않은데 조리업종을 살펴보면 30년 전부터 최근 2천 년대 초반까지는 한식, 양식, 일식, 중식 등의 조리사 자격증 중심의 요리체계가 정립되어 조리사들의 전공분야를 이야기했다.

지금은 호텔, 외식 서비스업 흐름에 따라 다양한 요리[멀티 조리사(Multi-Chef)]를 할 수 있는 조리사를 원한다. 하지만 이는 전문성의 결여는 물론 독창적인 음식을 제공하는 데 한계를 드러낼 뿐이다.

독창적인 요리를 한다는 것은 어느 누가 넘보기 힘든 창의적이고, 전문화되고 세심한 요리를 한다는 뜻이다. 또한 고객이 원하는 다양한 needs(소비자 욕구)와 wants(욕구, 가지고 싶은 욕망)의 반영 결과이기도 하다.

면역음식이란 건강의 균형을 잃어 음식으로 회복하고자 할 때 또는 암 환자들을 위해 영양적 관점에서 개인별 건강 상태에 따라 제공하는 음식을 말한다. 또는 넓은 의미에서 다이어트, 특정질환 등의 건강을 위하거나 노년기에 자가 면역력을 올리기 위한 음식이라 할 수 있다.

삶의 관점이 정적에서 동적으로 변화하며 질을 더 중시하는 2천 년대(밀레니엄 시대)로 접어들면서 약선음식이란 형태의 건강음식이 생겨났다.

"약선음식"과 "면역음식"은 근본적으로 차이가 있다. 약선음식은 구전 또는 고서에서 전해져 오는 약효를 기본으로 하거나 식용작물 또는 산야초에서 얻을 수 있는 약성을 기반으로 예측할 수 있는 건강음식을 구현한다. 면역음식은 환자 또는 개인의 건강 상태를 의학적으로 측정하여 기본 데이터를 가지고 영양의 균형(Balance)을 맞추어주는 음식이라 보면 될 것이다.

기본적으로 면역음식은 식품보존료(食品 保存料, 식품을 신선한 상태로 오래 보존하기 위한 약품 · 방부제와 산화방지제)가 들어간 인위적 식재료(캔, 파우치 등)는 사용치 않아야 한다. 이는 식품의 유통기한을 늘리거나 관능을 좋게 하기 위해 첨가한 물질들이 건강을 위한 사람이나 환자들에게 부정적 요소로 나타나기 때문이다.

더 나아가 진일보한 형태의 keton식이 여러 논문과 책에서 임상적 관점의 효능에서 좋은 결과를 보여주고 있기도 하다. 또한 "키토제닉(Ketogenic)"이란 단어는 다이어트와 건강식으로 우리 곁에 와 있기도 하다.

면역음식은 비단 암 환자에게만 적용되는 특정 음식은 아니다. 면역음식의 구성은 단백질, 지방, 탄수화물 등 꼭 필요한 영영소의 균형(Balance)을 기본으로 하기에 다이어트, 건강식, 노인식에도 적용할 수 있다.

건강음식에서도 필수 식재료인 소금, 식용유, 단맛(설탕 등) 등은 과연 어떤 식재료를 써야 건강하게 조리할 수 있는지 소개하도록 하겠다. 그리고 건강 식재료를 기반으로 조리되는 각종 영양별 면역음식에 대해서도 소개토록 하겠다.

이 책은 병원급식조리사 · 암요양병원조리사의 필독서이자, 건강을 되찾고자 하는 분들과 암 환자를 돌보는 병원, 면역증진이 필요한 노인, 다이어트 또는 건강한 음식이 필요한 이들을 위한 지침서이다. 면역음식이 귀중한 조리법이 되어 실생활에 도움이 되길 진심으로 바란다.

이 책이 나오기까지 도움을 주신 기문사와 한재성 부장께 감사드린다.

하늘 맑은 날 용봉산에서 김남수가

# 차 례

## 샐러드



## 무침 · 볶음



## 두부

## 단호박 · 마

## 생선 · 해물

## 구이

## 닭 · 오리

## 면 · 스파게티

## 아보카도

## 기타 요리

## 식품의 3대 영양소(營養素, nutrient)로 보는 면역음식

이제는 배를 채우기 위해 먹는 게 아니라 내 몸에 맞는 영양을 지닌 음식을 얼마나 적시적소(適時適所)에 투입하냐가 더 큰 화두가 된 세상이다.

예전, 춥고 배고프던 시절에는 보릿고개란 말이 있었다. 가을 추수를 하고 소작민이 지주에게 소작료를 내면 그다음 해 보리가 나기 전, 즉 초여름까지 버티기가 힘들어 풀뿌리와 나무껍질로 연명하던 시기를 일컫는데 그만큼 먹고살기 힘들던 시절이 있었다.

오히려 그 당시에는 지금과 같은 성인병은 없었을 거라 생각하는데, 아침, 저녁으로 이어지던 고된 노동과 절제된 음식이야말로 하고 싶지 않아도 절로 할 수밖에 없는 건강식이 아니었을까 싶다.

현대인들은 과잉된 영양으로 인해 오히려 여러 질병에 노출되고, 산업 전반의 발전에 힘입어 각종 편의 음식이 대량으로 생산, 유통되어 반대 급부적인 현상으로 우리 몸에 위협을 가하는 무서운 적으로 대두되기 시작한 것이다.

몸이 아프다는 건 영양의 불균형에서 오는 과잉, 또는 부족함이라고 생각한다. 우리 몸에 필요한 필수 영양소 3가지는 탄수화물, 단백질, 지방이다. 여기에 무기질과 비타민을 더한 5대 영양소는 살아가는데 꼭 필요한 영양소이다.

### 1. 탄수화물

탄수화물은 음식물 전반에 분포되어 있으며 1g당 4kcal의 열량을 가지고 있다. 우리 몸에 필요한 에너지를 공급해주는 열량원으로 꼭 필요한 영양소이다. 요즘은 다이어트에 안 좋다고 인식하는데 이는 공장에서 만든 정제(단순) 탄수화물 때문이다.

탄수화물은 단순 탄수화물과 복합 탄수화물로 구분하는데, 단순 탄수화물은 구성되는 당의 수에 따라 단당류, 이당류, 다당류로 분류한다. 소화 흡수율이 빨라 혈액에 빠르게 전달되어 혈당 수치를 급격히 오르게 하는 효과가 있으며 주로 단 음료수, 시럽, 꿀, 정제된 밀가루 등과 채소, 콩, 유제품 등에도 함유되어 있다. 복합 탄수화물은 보통 전분류, 섬유질을 말하는데 밥, 빵, 파스타, 콩, 통곡물, 채소 등에 함유되어 있다. 건강한 탄수화물은 복합 탄수화물로 정제되지 않은 통곡물 등을 들 수 있다.

탄수화물을 과잉 섭취하면 뱃살 등에 축적되어 다이어트의 주범처럼 여기고 있다. 여기서 우리가 알아야 할 것은 탄수화물 자체가 우리 몸에 나쁜 게 아니라 과잉 섭취로 인한 축적이므로 적절한 음식량 조절이 필요하다.

## 2. 단백질

"만약 지금 다이어트를 원한다면 단백질을 먹어라."라는 말이 있다. 이는 단백질이 기초 대사량을 높이고 근육의 손실을 막아 체지방을 효과적으로 감량시키는 작용을 하기 때문이다.

단백질은 몸을 구성하는 뼈, 근육 등 몸을 지지하는 구조물 역할을 한다. 그만큼 우리 몸에 꼭 필요한 영양소이다.

특히 암 환자에게 단백질 섭취는 무척 중요하다. 고기를 먹으면 암이 확장할 수 있다는 일간의 이야기도 올바른 정보는 아니다. 수술을 받은 암 환자라면 회복을 위해 단백질 섭취가 무척 중요한데 그 공급원으로 육류를 섭취해도 문제가 없으며 오히려 면역력 증강과 체내 정상 세포의 활성화를 위해 육류의 단백질 섭취는 일정 부분 중요하다.

다만 치료 후 육류 섭취에 따른 암 발생요인을 줄여야 하므로 섭취 빈도를 조절할 필요성이 있으며 조리하는 방법에 따라 영양적 가치도 다르기에 조리법 또한 중요하다.

근래 들어 과도한 육류의 섭취로 포화지방과 콜레스테롤에 노출되어 각종 성인병에 걸릴 수 있다는 논문도 많아 육류를 기피하는 현상도 있다.

대표적인 단백질 식품으로는 소고기, 돼지고기, 닭고기 등의 육류가 있고 여러 콩류와 달걀, 견과류, 버섯, 유제품, 해물 등에 단백질이 들어 있다.

## 3. 지방

지방은 1g당 9kcal의 가장 많은 열량을 가지고 있으며 동물성과 식물성 지방으로 나눌 수 있다.

단백질이나 탄수화물보다 약 2배의 에너지를 낼 수 있어 자연상태의 에너지 저장물질이라고 한다. 얼마 전 TV에서 방영되어 큰 반향을 불러온 저탄고지(低炭高脂, 저탄수화물 고지방)란 말이 있다. 중증(重症) 암 환자 식이요법인 케톤(ketone)식도 저탄고지이다.

저탄고지 식단은 20세기 초 소아 뇌전증(腦電症) 치료를 위한 식이요법으로 개발되었던 키토제닉 식단에서 유래했다. 키토제닉 식단은 탄수화물의 섭취를 최대한 줄이고 지방을 섭취하여 간에서 분해된 지방의 산물인 케톤체의 생성을 유발하는 것인데, 뇌에서 포도당 대신 케톤체가 에너지원으로 사용될 경우 뇌전증 발작의 빈도가 줄어들었던 것이다. 저탄고지 식단은 이후 뇌전증 치료뿐 아니라 비만과 당뇨 치료에도 도움이 된다고 보고되면서 새로운 다이어트 방법으로 떠올랐다.

암 발생 요인의 먹잇감인 탄수화물 등을 배제하여 식이치료를 한다는 논리인데 케톤식 자체가 먹기 어려워 지독한 결심이 아니면 힘들다.

위 3가지 필수 영양소를 기본으로 이해한다면 건강한 음식을 만드는 데 도움이 될 것이다.

병원에서 치료를 목적으로 음식을 만드는 조리사라면 더욱 그러하고 스스로 건강한 면역음식을 만든다고 해도 기본적인 영양적 요소를 이해하고 음식을 조리한다면 좀 더 조심스러운 요리가 될 것이다.

## 면역음식을 이루는 5가지 식재료

항암 치료를 마친 환자들은 면역력을 올리는 다양한 프로그램을 접하는데 그중 하나가 면역음식 섭취를 통해 건강을 증진하는 것이다. 의학의 아버지라 불리는 히포크라테스는 "먹는 음식으로 병을 고치지 못한다면 약으로도 못 고친다."란 말로 유명하다. 먹는 음식이 중요하다는 말이다.

또한 허준의 동의보감에는 약식동원(藥食同源)이란 말이 있는데, 이는 "음식이 곧 약이다"란 말이다. 옛 선인들은 지나칠 정도로 음식의 중요성을 강조했는데 필자도 늘 면역음식을 연구, 개발할 때에 "내가 만든 음식이 사람을 살린다"라는 마음으로 노심초사 정성을 다하고 있다.

면역음식에 들어가는 5가지 식품은 청경채, 녹차, 마늘, 강황(커큐민), 베리(Berry)이다.

필자가 근무하는 병원에서도 이 5가지 식품을 베이직(Basic)으로 요리가 전개되는데 이는 면역증진을 위한 기본 식품이기 때문이다.

### 1. 청경채

아삭한 맛이 일품이며 뜨거운 물에 데쳐 양념장을 얹어 먹는다. 칼륨이 많아 혈압을 낮추고, 근육생성을 도우며, 백혈구의 활동을 늘려 면역력 강화에 도움을 준다. 주변에서 쉽게 구할 수 있는 식재료인 만큼 많이 먹어도 좋을 것 같다.

### 2. 녹차

녹차가 몸에 좋다는 것은 많은 기사를 통해 이미 알 것이다. 그중 특히 암을 예방한다는 것이다.

녹차의 폴리페놀은 종양 성장을 감소시키는 것으로 보

고되고 있으며, 심혈관 질환 예방, 콜레스테롤·뇌졸중·당뇨병·체중 감소, 피부 질환 개선 등 성인병 예방에도 도움을 준다. 평소 하루에 녹차 1~2잔으로도 큰 도움이 되며, 요리로는 녹차가루를 스프, 쿠키, 소스 등에 활용하고 있다.

## 3. 마늘

마늘의 주요 성분인 알리신(allicin)은 페니실린(항생제)보다 훨씬 강력한 항균작용이 있으며, 코로나19와 같은 바이러스 균을 없애거나 약하게 만드는 항바이러스 작용도 한다. 미국 노스캐롤라이나 대학교 영양학 교수인 플라이 새워 박사의 논문 연구결과 식사 때 마늘을 많이 먹는 사람은 위암과 결장암 위험이 30~50%가 줄어든다고 했으며 우리나라 서울대 팀들도 연구결과 췌장암에 대한 항암효과를 갖는다는 연구결과를 발표하기도 했다,

이런 마늘은 스테미너 강화, 소화 작용 촉진, 간 가능 향상, 콜레스테롤의 감소, 비만 예방, 장 기능 정상화 등 우리 몸에 많은 긍정적 영향을 미치고 있다.

## 4. 강황(커큐민)

강황에는 커큐민 성분이 다량 들어 있어 종양을 유발하는 단백질 생성을 억제하며, 암 치료와 예방은 물론 심장병 예방, 생리불순의 치료, 위장 건강에 도움을 주고 있다.

## 5. 베리(Berry)류

베리류로는 블루베리, 블랙베리, 라즈베리, 크란베리, 아사이 베리, 스트로 베리, 블랙 커런트 등 대표적인 7가지가 있다. 베리마다 특유의 성질을 갖고 있지만 항암 작

용, 면역력 향상, 혈약순환 개선, 고혈압·고지혈증 예방 등 성인병에 공통적으로 도움을 주고 있다.

위 5가지 식품을 중점적으로 활용한 음식이야 말로 면역력을 증진하는데 큰 도움을 주며 요즘 같은 각종 바이러스 질병에 노출되는 시기에 적절히 활용한다면 건강 증진에도 도움을 줄 것이다.

## 정제(精製) 밀가루의 비밀

### 면역(免疫)음식에서 곡류(穀類, cereal)의 올바른 섭취방법과 우리 몸과의 상관관계

우리 주식에는 쌀을 빼 놓을 수 없다. 또한 부식으로 국수, 빵, 떡 등 다양한 곡류로 이루어진 탄수화물 요리가 무척 많다.

언제부터 먹기 시작했는지는 부차적인 문제이고 현대 사회에서 정제 탄수화물에 대한 폐해에 대해서는 다양한 의견들이 나오고 있는데 특히 주목해야 할 부분은 대사성 질환인 성인병에 직접적인 연관성이 있다는 것이다.

그중 밀가루를 빼놓고 음식을 이야기할 수 있을까 싶을 정도로 요리에서 차지하는 비중이 크기에 면역음식을 다루는 셰프(chef)로서 이야기하지 않을 수 없다.

잠깐 나열하자면 빵 종류는 거의 망라하고 칼국수, 수제비, 만두, 라면, 국수 등 기본적인 면류와 떡 종류에는 거의 들어가지 않을까 싶다. 그만큼 일상에 밀가루는 아주 중요한 식재료이며 음식이다.

그러다보니 지금 근무 중인 병원에서도 환자들이 유독 면 요리를 좋아한다. 가만히 생각해보면 음식은 추억이란 말이 있는데 그 말이 맞는 말이 아닌가도 싶은 게 과거의 추억을 회상할 때 함께 즐겨 먹던 음식도 연상하면서 그때의 맛을 "맛있다"라고 표현하는 게 아닌가 싶다.

우리가 흔히 먹는 밀가루는 정제된 밀가루다. 정제된 식재료의 문제점은 영양소가 없다는 것이다. 밀가루도 마찬가지로 영양소(식이섬유)의 80% 정도가 빠져나가며 단당류가 많이 포함되어 혈당 수치가 급격히 올라 몸에 무리가 가 결국 비만으로 이어지게 된다.

흔히 살을 빼려면 밀가루 음식을 먹지 말라는 소리를 종종 듣곤 하는데 그 속에 이런 진실이 숨어 있는 것이다.

이런 정제 탄수화물이란 인공적으로 합성하거나 도정이나 정제를 거친 곡류로 설탕, 흰 밀가루, 백미가 대표적이다. 정제된 탄수화물은 장내 유익한 균이 좋아하는 식이섬유가 제거되어 있을 뿐 아니라 장내 흡수 속도가 빨라 인슐린 작용으로 장기 섭취 시 장 속에 활성 산소와 만성 염증을 유발하며, 탄수화물 중독, 비만 등의 질병을 일으키는 원인을 제공하기도 한다.

특히 흰 밀가루 속 '글루텐'은 장내 염증을 유발하고, 소화 장애, 피부 트러블, 아토피, 천식, 비염, 두통 등의 원인이 된다고 알려져 있다.

개인적인 의견으론 곡류를 갈아 만든 요리는 가급적 삼가는 게 건강에 좋다는 것이다. 떡이든 다른 형태의 음식이라도 곡류를 갈게 되는 과정 중에 식이섬유가 파괴되어 건강한 본연의 영양소는 사라지기 때문이다.

통밀 또는 현미밥 등 가급적 도정과 정제하지 않은 곡물 그 자체로 음식을 해야 건강하고 맛있는 요리를 할 수 있다. 시중에는 통밀도 많이 유통되고 있으니 이제부터라도 정제 밀가루 되신 통 밀가루로 요리를 하면 어떨까 싶다.

## 코로나19를 극복할 수 있는 면역음식에 도전한다

### 면역력을 올려주는 컬러 푸드

2020년부터 우리나라에 확산하기 시작한 코로나19로 경험해보지 못한 바이러스와 사투 중에 있다. 이는 비단 우리나라뿐만 아니라 전 세계적으로 확산되어 심각한 상황을 초래하며 많은 인명피해와 경제적 충격을 주고 있는데 중요한 것은 이러한 상황이 언제 끝날지 모른다는 것이다.

심지어 이러한 바이러스가 앞으로도 자주, 주기적으로 발생할 수 있다는 충격적인 내용이 언론을 통해 이야기되고 있다. 이러한 현실에서 어떡하면 건강하게 살 수 있는지가 화두가 될 수밖에 없는 것은 당연한 이치가 아닌가 생각한다.

이 책에서는 코로나19 뿐만 아니라 앞으로도 발생할 수 있는 각종 바이러스 질병에 대처할 수 있는 면역음식에 대해 이야기해볼까 한다.

성인이 되어가며 고혈압, 당뇨 등 대사성 질환에 노출될 수밖에 없는데 이는 스트레스, 잦은 음주, 흡연 등 안 좋은 습관에서 시작되며 이러한 경우 각종 바이러스에 좋은 먹잇감이 된다는 것이다.

또한 넘쳐나는 인스턴트, 페스트 푸드와 과식 또한 면역력을 떨어뜨리는 주범이 아닌가 한다. 과도한 음식 섭취로 인한 비만, 고혈압, 고지혈 등으로 고생하고 있는 이들을 쉽게 볼 수 있으며 나이가 들수록 먹는 음식의 중요함은 모두가 잘 아는 상식일 것이다.

성인 1일 권장 칼로리는 2,500kcal이다, 세 끼로 나누어 보면 한 끼에 약 830kcal를 먹어야 하는데, 200g의 밥이 300kcal이니 대충 우리가 먹어야 할 양이 얼마인지 계산할 수 있을 것이다. 만약 저녁에 삼겹살에 소주를 마신다면 이미 그 자체로 하루 섭취하는 칼로리를 넘길 수 있다.

모 방송에서 간헐적 단식(1주일에 2일은 24시간 단식을 하고, 일주일에 3~5번씩 아침을 걸러서 공복효과를 최대한 유지하는 방법)에 대해 방송한 적이 있는데 좋은 방법이라 생각한다. 굶기만 한다면 지속하기 어렵고 건강도 해칠 수 있지 않을까 한다.

영양소가 어느 한쪽으로 치우친 식사 구성보다는 탄수화물, 지방, 단백질이 적절하게 분배된 음식이 바이러스를 극복할 수 있는 중요한 면역음식이다. 또한 가급적 냉동식품, 저장식품 등 보존료가 들어간 식재료를 먹지 않는 것도 면역력을 올려주는 포인트이다.

밥도 가급적 정제된 흰 쌀밥보다는 콩 등이 들어간 잡곡밥이 중요하고 근력 등을 키워주는 단백질은 꼭 섭취하는 게 큰 도움이 된다. 컬러 푸드인 토마토, 적채, 채소 등도 잊으면 안 될 중요한 식재료 군이다.

이는 면역을 올려 주는 음식의 근간이 되며 코로나19를 효과적으로 대처할 수 있는 하나의 방법이기도 하다.

나이가 들수록 먹는 음식에 대해 공을 들일 필요가 있으며 가급적 소식, 가공식품 섭취 금지, 컬러 푸드 섭취, 단백질 섭취 등이 중요한 면역력을 올려주는 방법이다. 코로나19를 극복하고 건강한 삶을 위해 면역음식에 대해 관심을 갖고 생활에서 실천해보면 어떨까 생각해본다.

## 저온조리(Sous Vide)의 이해

### 저온조리를 통해 식재료 본연의 영양을 전달해 면역력을 높인다

환자들에게 식재료 본연의 영양적 가치를 전달하고 맛 또한 좋게 한다는 게 쉽지 않다는 것을 알고 있다. 이는 요리 과정에서 하는 가장 큰 고민으로, 재료의 변화와 조리 과정의 변화 그리고 플래팅(Playing)의 변화를 주는 건 한계가 있다고 본다.

항암치료 중이거나 항암치료 후나 모두 면역력을 높여주는 사후 관리가 중요한데 이때 여러 면역치료 과정이 있지만 면역식의 식이요법 또한 환자들에게 중요한 면역치료 중 하나라 생각한다.

여러 논문을 접해보면 항암치료 후 입맛의 저하로 영양의 불균형을 초래하는 경우가 많은데 이는 곧 면역력 저하와 함께 암 치료에 좋지 않은 예후를 가져오게 한다.

보통 조리법은 굽거나, 찌거나, 볶음 등의 조리과정을 거쳐 음식이 만들어지는데 항암 환자들에게는 특히 달거나, 짜거나 하는 극단적인 맛을 내는 조리는 하지 않으며 부드러운 맛을 유지하고 존중하고 치유하는 마음 자세로 요리에 임해야 한다.

세계보건기구(WHO) 산하 국제암연구소(IARC)의 보고서에 따르면 암 사망의 30%는 흡연으로, 30%는 식이 요인에 의해, 10~25%는 만성감염에서 비롯된다고 한다. 암 발생 요인은 다양하지만 세계보건기구에서도 말했듯이 식이 요인이란 그릇된 식습관으로 암이 발생한다는 것인데 그만큼 먹는 것이 중요하다는 것이다.

저온조리법(Sous Vide)은 그런 측면에서 환자에게 좋은 조리과정과 맛, 영양을 전달한다는 측면에서 관심을 가질만하다.

열을 가하는 음식인 경우 특히 단백질(소, 돼지, 가금류 등)이 들어간 요리를 할 때 단백질에서 볼 수 있는 마이야르 반응(Maillard reaction)이 있다. 이는 고기를 시어링(Searing)하는 과정 중 150도 이상의 고온에서 표면을 바삭하게 태우듯 구어낼 때 나는 맛과 향을 말한다. 이런 조리과정이 일반인들에게는 고기가 맛있다는 소리를 듣겠지만 환자들에게는 그렇지 않다.

진공 조리법(Sous Vide)의 핵심은 일정한 온도를 고기에 전달하고 영양소 파괴 없이 재료의 모든 부분을 균일하게 익힐 수 있다는 것이다. 또한 고기 속으로 배어든 풍부한 육즙으로 완성된 요리를 먹었을 때 그 맛이 한층 더 좋아진다는 것이다.

다만 진공포장을 하여 수비드 전용 기계에서 요리하는 과정 중 사용하는 진공포장 재가 과연 안전한가이다. 수비드 조리법을 설명하는 다양한 논리에서는 오히려 안전하다는 이야기가 우세하다. 진공포장 중 산소 제거로 산화작용을 막고 진공포장 자체만으로도 미생물에 의한 부패를 방지하고 영양소를 보존할 수 있다는 이유에서다.

보통 고기는 55~60℃, 채소는 좀 더 높은 온도에서 익힌다. 저온조리법 특성상 낮은 온도에서 장시간 익혀야 하기에 1시간에서 길게는 3일 동안 익혀 조리하기도 한다.

채소의 경우 수비드 조리법으로 질감은 살리면서 완전히 익히는 것이 가능하다. 닭가슴살을 요리하다 보면 가슴살에 있는 수분이 빠져나와 고기의 질감이 퍽퍽할 경우가 있는데 이때 저온조리 과정으로 요리하면 그런 불상사는 일어나지 않는 것이다.

보통의 레스토랑 셰프들이 조리할 경우는 수비드한 후 시어링을 하여 좀 더 다이나믹하게 음식을 만들어봄이 좋을 듯하다. 내 조리법이나 조리과정은 특별하다는 사명감과 소명 의식이 있어야 조리하고자 하는 음식이 완성된다고 생각한다.

## 천일염, 소금(salt)의 이해와 활용

인체는 70%의 물로 구성되어 있으며 체액의 0.9%가 염분으로 되어 있다. 건강을 생각하며 물마시기를 자주 하는 사람들이 많은데 사실 체내에 염분이 부족한 상태에서 수분만 섭취하게 되면 탈수 증상이 나타난다. 이때 산소와 영양을 제대로 공급하지 못해 기아 상태가 되며 각종 질병을 유발하게 된다. 탈수 등의 증상으로 병원에 가서 링겔이라 하여 맞는 것도 0.9%의 생리 식염수가 들어간 소금물이다.

인류에게 소금은 생존의 필수 식재료로 전 세계에서 소금이 생산되는 곳이 물물교역의 중심지였으며 화폐, 세금의 수단으로 쓰이기도 했다. 그만큼 소금의 의미는 역사적으로 여러 곳에서 나타났는데 근래 들어 이러한 의미가 퇴색되고 있는 대표적인 예가 간편하게 사용할 수 있는 "정제소금"이다.

우리나라에서 생산되는 천일염은 알칼리성으로 염도는 약 88% 정도이며, 칼슘, 마그네슘, 아연, 칼륨, 철의 무기질과 수분이 많이 포함되어 있으며 나트륨을 배출하는 천연 미네랄이 풍부하고, 항산화 물질로 각종 염증을 억제하는데도 일조한다는 논문 등이 발표되었다.

조리사들은 간편하다 하여 정제된 꽃소금, 또는 맛소금 등을 애용하는데 힘들다 해도 천일염을 이용하여 건강한 소금을 만들어 조리에 사용한다면 최고의 음식을 만들 수 있을 것이다. 사실 정제되었다란 말은 영양소를 배제하고 소금의 짠맛 즉 나트륨만 남았다는 말인데 이는 위에 언급한 각종 영양소들이 배제된 것이다.

필자는 면역음식을 만들 때 꼭 천일염을 소금 대용으로 사용하여 암 환자들의 건강까지 고려

하고 있다. 천일염은 면역음식에서 기름 이상 중요하며 요리할 때 꼭 사용해야 할 중요한 식재료이다.

비싼 비타민이나 영양제를 먹는 것보다 천일염을 볶거나 구어 녹차, 또는 표고버섯등과 섞어 건강한 소금을 만들어 먹는 게 그 어느 건강요리보다 더 중요한 면역음식의 근간이란 것을 요리하는 이가 알았으면 한다.

## 오일(식용) 이야기

**면역(免疫)음식의 기본 근간인 식용 오일을 통해 건강을 찾아본다**
**올바른 식용 오일 사용으로 면역력을 높일 수 있는 요리에 도전해본다**

요즘 몸에 좋다하면 물불 가리지 않고 다양한 음식을 먹는 사람들이 많은데 식용 오일(기름)에 대해 알아볼까 한다. 식용유 사용을 잘 하면 면역음식의 기본으로 접어드는 시작이 될 것이다.

먼저 '올리브 오일'은 건강에 좋은 기름인 건 잘 아는 사실이며, 불포화지방산이 풍부하여 혈관, 당뇨 등에 탁월한 효과가 있는 것도 언론을 통해 잘 알려져 있다.

최근 들어 항암(抗癌)식품으로도 주목받을 정도로 좋은 기름이지만 맹점이 하나 있다. 바로 기름의 산패인데 열을 받으면 산성화되어 오히려 몸에 안 좋다.

즉 올리브유는 프레쉬(fresh) 상태에서 먹는 게 가장 좋은 방법이며, 심지어 아침 공복에 올리브유 한 스픈이면 다른 영양제를 복용하지 않아도 성인병 예방 등에 도움이 될 만큼 건강에 매우 유익한 식재료이다.

그렇다면 한 치킨 업체에서 홍보했던 황금올리브유 튀김은 뭘까? 사실 논란도 많았지만 간단히 귀결하자면 정제된 올리브유(퓨어)라 보면 맞을 것 같고 다른 식용 오일이 함께 들어간 가공 정제유라 보는 게 더 확실하다.

순수 압착 엑스트라버진 올리브유는 발열점이 낮고 닭 몇 번 튀기면 기름의 기능을 상실하게 되니 그들이 광고하는 내용은 사실 문제가 있어 보인다.

위에서도 이야기했지만 올리브유는 분명 몸에 좋은 오일임에는 틀림없지만 열을 받는 순간 그의 모습은 180도 바뀐다는 것을 알았으면 한다. 간혹 셰프(chef)들이 TV 등의 방송에서 식용 오일을 볶거나 딥 프라이 등의 요리에 사용하는 걸 볼 때가 있는데 이건 전문가답지 못한 요리법이다.

몇몇 논문에 의하면 올리브유를 높은 온도에서 요리에 사용해도 인체에 해로울 정도는 아니라는 견해도 있어 논란이 되고 있다. 하지만 내 견해는 발연점을 이야기하지 않을 수 없고 그로 인해 기름이 산패되는 것은 기정사실이기에 가급적 발연점이 낮은 식용유는 고온의 요리에 사용치 않는 게 좋다.

식용 오일 중 열에 안정적인 기름은 코코넛 오일(coconut oil), 아보카도 오일, 카놀라유 등으로 기름 본연의 성질 변형이 적으며 볶음, 팬 프라이, 딥 프라이 등의 요리를 안전하고 건강하게 할 수 있다.

또한 우리가 흔히 먹는 콩기름도 무난히 요리에 쓸 수 있는 식용유이다. 다만 GMO (Genetically Modified Organism)란 유전자 변형 농산물의 대표적인 예가 대두 즉 콩인데 여기서 기름을 추출한 게 우리가 식탁에서 자주 먹는 콩기름이다. 그러다 보니 유전자 변형을 통해 얻은 우량 대두의 식용유가 건강에 좋은 건가에 대해 많은 논쟁이 있지만 이 책에서 논쟁할 내용은 아니라 다루진 않을 것이다. 다만 건강을 다루는 음식에서 식용유의 중요성은 피할 수 없기에 이 부분에 대해서는 읽는 독자들의 판단에 맡기도록 하겠다.

나도 암 환자들을 위한 요리를 할 때 주로 카놀라유를 사용하고 있으며, 건강한 식용 오일은 어떤 오일을 쓰냐가 중요한 게 아니라 요리할 때 불의 온도에 유의하는 게 더 중요하다고 본다. 잘 알고 요리하고 먹으면 득이고, 모르고 요리하고 먹으면 독이다.

## 설탕과 면역음식과의 관계 - 감미료가 면역음식에 미치는 영향

19세기 초 유럽에서 설탕공장이 차려져 본격적인 대단위 설탕이 생산되었으니 그 역사가 무척 길다. 설탕은 포도당, 과당, 맥아당, 유당, 갈락토스 등과 같은 당류를 말하며 자당, 서당이라고도 한다.

역사적으로 보면 설탕을 처음 발견했을 당시에는 왕이나 귀족들만 먹을 수 있었던 귀한 식재료였으며, 약 1,000년 전에 유럽, 특히 무역 등이 성행한 스페인 등지에서 제조하기 시작했다.

우리나라도 고려시대에 설탕을 활용했다는 문헌을 볼 수 있는데 왕이나 귀족들이 일찍 단명한 이유가 이런 먹는 음식 습관이 일정 부분 기여하지 않았을까 추측도 해본다.

설탕의 가공 당은 수확된 사탕무와 사탕수수를 세척하여 분쇄한 다음 압축하여 액즙을 탄산으로 처리하고 여과 농축하여 결정을 만든 다음 이것을 다시 녹여 각종 착색물질과 불순물을 제거하여 정백당을 얻는데 이 정백당은 설탕의 모양을 다양하게 만들 수 있다.

현 사회에서는 설탕의 과다섭취로 인하여 충치, 체중 증가 등의 문제가 발생하고 있으며, 그에 따른 고혈압 · 당뇨 · 고지혈증 등의 질환으로 인한 사망률이 증가하고 있다. 노르웨이에서는 처음으로 1922년 초콜릿 및 설탕 제품세(Sugar Tax)를 도입하였으며 지금은 핀란드, 영국, 필리핀, 멕시코 등이 설탕세를 운용 중에 있다. 우리나라도 현재 국민 건강을 위해 설탕세 도입을 검토 중에 있으나 경제적 가치로 인해 첨예한 대립 양상을 보이고 있다.

설탕은 다른 영양소가 없는 정제된 당이기 때문에 별도의 소화 작용 없이 우리 몸에 빠르게 흡수되어 혈당수치를 급격히 증가시키는데 갑자기 혈당수치가 높아지면 우리 몸은 혈당을 조절하기 위해 인슐린을 대량으로 분비하여 과도한 당을 글리코겐 형태로 저장한다.

개인적으로 가장 무서운 식품 중 하나가 설탕이라 생각하는데 이미 단맛에 익숙한 우리에게는 빼놓을 수 없는 재료인 것만은 확실하다.

그럼 설탕을 안 먹을 수 있을까? 단맛을 뺄 수 없기에 건강한 단맛을 내는 게 핵심 요리 포인트인데 단것만 줄여도 당뇨병, 고혈압, 고지혈 등의 예방과 함께 다이어트에 아주 효과적이라 할 수 있다.

영양 성분 중 칼로리가 적거나 아예 없는 단 걸 먹으면 되는데 그것은 사카린이다. 하지만 이런 사카린에 불신을 가지고 있기에 일상 속 요리에 적절히 사용치 못하고 있는 것도 현실이다.

다만 "뉴슈가"란 이름으로 물김치 등을 요리할 때 개운하고 시원 맛을 내기 위해 사카린을 사용하고 있긴 하다. 또는 알룰로스 등을 사용하면 되는데 요즘 시중에서 손쉽게 제품들을 구입할 수 있어 조금만 관심을 가지면 건강한 음식을 조리할 수 있다.

소개한 식용오일, 소금, 설탕 등만 제대로 알고 요리에 임하면 이미 50% 이상의 면역음식 요리에 접근한 것이다. 또한 대사성 질환으로 고혈압, 당뇨 등의 병이 있고 다이어트를 원하는 이들에게 권하고 싶다.

## 잘못 알고 있는 MSG의 편견과 그로 인한 조리법의 허(虛)와 실(實)

언제부터인가 한국 식당 문 앞에는 이런 글들이 쓰여 있곤 한다. "우리 식당은 요리할 때 화학조미료는 사용하지 않고 천연 조미료만 사용합니다." 또한 조리사들이 요리할 때 우리가 흔히 이야기하는 "미원"을 사용하면 마치 음식을 잘하지 못하는 요리사로 취급하는 경향도 생겨났다. 그리고 그런 조미료를 사용하면 마치 죄인인 양 조심스러워하는 걸 보면 MSG에 대한 시선이 그리 곱지 않은 않은 건 사실이다.

MSG가 과연 화학조미료로 우리 몸에 그렇게 안 좋은 것일까? 잠깐 우리가 알고 있는 MSG의 역사에 대해 알아보자.

MSG는 Mono Sodium Glutamate의 약자로 감칠맛을 내는 아미노산인 글루탐산에 물에 쉽게 녹게 하기 위해 나트륨염이 결합된 물질이다. 제5의 맛이라 하는 감칠맛은 일본말로 우마미(うまみ)라 하고 한국말로는 지미(知味)라 하는데 쓴맛, 단맛, 짠맛, 신맛과 함께 음식의 맛을 좌우하고 있다.

일본의 화학자인 "키쿠나에 이케다" 동경대 박사는 다시마로부터 MSG를 분리하는데 성공하며 화학적 합성법을 통해 공장에서 대량생산하는 기틀을 만들게 된다.

1909년 일본에서 생긴 아지노모토라는 조미료는 과히 혁신적인 맛이었다. 초기

아지노모토는 우리나라에서 쌀 3마지기와 맞먹을 정도였다니 그 인기가 어느 정도였는지 짐작할만 하다.

지금도 아지노모토는 가다랑어가 주재료인 "혼 다시"란 브랜드로 한국 조리사와 식당에서 국물 맛을 내는데 없어서는 안 될 식재료로 널리 애용하고 있다.

사실 우리가 알고 있는 "미원" 또는 "미풍"은 이런 아지노모토의 영향을 받아 1962년 미원(현 대상)의 미원과 제일제당(현 CJ)의 미풍으로 조미료 전쟁을 벌이는데 압승은 미원으로 끝났지만 이런 두 회사의 처절한 메케팅 공방 탓에 MSG에 대한 오해는 이 시절 걷잡을 수 없을 정도로 커졌다. 마침 미국에서는 1968년 중국음식을 먹고 나면 구토, 메스꺼움, 답답함 등의 증상이 나타나는 "중국음식 증후군"이라는 논란이 생겼는데 이러한 현상이 MSG에 근거하고 있다는 다소 억측성 논란이 일었다.

추후 이 논란은 과학적 근거가 없고 이러한 증상은 일시적이란 것으로 종결되는데 이런 모든 상황이 MSG에 대한 오해와 편견을 가져왔다.

지금은 많은 과학자들과 우리나라의 식약처, 미국의 FDA, 일본의 후생성 등 많은 기관들이 MSG의 유해성에 대해 인체에 무관하다는 의견을 내놓았고 이로 인해 그 누명은 벗었지만 아직도 많은 사람들과 전문 조리사들 조차도 MSG에 대해 오해를 하고 있는 건 사실이다.

이제라도 "천연조미료" 또는 "화학조미료"란 말은 사용하지 않는 게 좋지 않을까 싶다. 다만 획일적인 맛의 논란은 전문 조리사로서 극복해야 할 숙제이고 이를 평가할 고객들은 맛집이란 명제로 디테일한 식당의 점수를 줄 필요가 있다. 그로 인해 좀 더 과학적이고 진보된 요리기법을 구사해 조리사의 위상을 세울 필요도 있어 보인다.

MSG의 논란을 넘어 음식의 맛을 더 좋게 하고 고객의 만족을 이끌어 낼지를 연구하고 노력하는 게 조리사의 자세가 아닌가 싶다.

# 오리 잡곡 김밥

조리 난이도 **중**
조리시간 **30분**
1인분 **120g 전후**

밥

오리에는 불포화 지방산이 풍부해 나쁜 지방을 배출하는데 도움이 되며 콜레스테롤을 낮춰 혈압강하 효과가 있다.
비타민 B1, 지방산은 근육의 정상적 활동을 지원하고 근력을 확대하는데 도움을 주며 항산화 작용으로 노화예방에도 도움을 준다. 인, 엽산, 칼슘 등도 풍부하게 들어 있어 뼈 건강에 좋아 관절염, 골다공증을 예방한다. 또한 비타민 A는 세포의 재생을 도와 면역력을 증진하는 것으로 알려져 있다.

## 재료

|  |  |
|---|---|
| 잡곡밥 | 70g |
| 훈제오리 | 40g |
| 느타리버섯 | 20ml |
| 김 | 1장 |
| 대파 | 3g |
| 참기름 | 3ml |
| 카놀라유 | 10ml |
| 소금 | 조금 |
| 후추 | 조금 |

## 조리방법

**1.** 잡곡밥에 참기름, 소금, 후추로 밑간하여 준비한다.

**2.** 훈제 오리는 모양대로 오븐 150도에서 약 8분간 구어 기름기를 제거하고 젓가락 모양으로 길게 잘라 준비한다.

**3.** 느타리버섯과 대파는 카놀라유를 두른 팬에 볶아 준비한다.

**4.** 김 위에 양념한 잡곡밥을 반 정도 평평하게 깔아 주고 **2**, **3**의 재료를 밥 중앙에 넣어 말은 후 먹기 좋은 크기로 잘라 접시에 담는다.

### Sauce & Cooking Tip

자칫 입맛을 잃기 쉬울 때 다양한 요리를 하면 도움이 된다. 그 중 하나가 김밥 종류인데 여기 소개한 오리를 이용한 김밥 외에 불고기, 버섯, 새우, 닭고기 등 다양한 식재료를 이용하여 김밥을 만들 수 있다.
맛은 담백하며 고소한 맛이 일품이다. 김밥이 식사로 제공될 때는 부가적인 반찬 등에도 나름 신경을 써야 하는데 김밥이 담백한 맛이기에 칼칼하거나 매운맛의 음식이 구성상 좋다.

| 조리 난이도 | 조리시간 | 1인분 |
|---|---|---|
| 중 | 30분 | 120g 전후 |



# 김치 유부초밥

유부에는 비타민E 성분이 함유되어 소화와 혈액 순환이 잘되게 도와주며, 사포닌 성분이 함유되어 혈중 콜레스테롤의 증가를 억제해준다.
콩에 있는 이소플라본 성분은 갱년기 장애와 골다공증을 개선하고, 항산화 작용에 의한 노화방지 효과가 있으며, 칼슘과 철분이 두부보다 많아 미네랄을 보급하기에 좋은 식품이다.

## 재료

| 재료 | 분량 |
|---|---|
| 유부 | 3장 |
| 잡곡밥 | 70g |
| 김치 | 30g |
| 쪽파 | 2g |
| 다진 닭고기 살 | 5g |
| 참기름 | 조금 |
| 맛술 | 3ml |
| 소금 | 조금 |
| 후추 | 조금 |
| 카놀라유 | 15ml |

## 조리방법

1. 유부는 끓는 물에 데쳐 기름기를 제거한 후 물기를 짜서 준비한다.(꼭 끓는 물이 아니더라도 뜨거운 물에 담가 기름기를 제거하여 사용하면 느끼함이 덜하다)
2. 잡곡밥에 소금, 후추, 참기름을 넣어 밑간한다.(밥은 흰밥으로 해도 좋다)
3. 김치는 물기를 짠 후 잘게 다져 팬에 다진 닭고기 살과 맛술, 카놀라유를 넣어 볶아 준비한다.(김치 맛에 따라 소금, 간장 등의 양념을 생각해야 한다)
4. 유부에 양념한 밥을 둥글게 모양을 잡아 넣고 그 위에 다진 닭고기 살과 볶은 김치를 올려 유부 초밥을 완성한다.
5. 접시에 담을 때 다진 쪽파를 올린 다음 나간다.

### Sauce & Cooking Tip

암 환자들에게 초밥을 간혹 드릴 때는 유부초밥을 제공한다. 초밥용 생선회 등의 음식은 배제하고 익힌 닭가슴살을 간장 소스(Sauce)에 절인 후 얇게 슬라이스하여 제공하거나 표고버섯을 뜨거운 간장소스에 절여 초밥으로 제공하기도 한다.
때로는 새우를 익힌 후 얇게 저며 초밥에 사용하기도 한다. 다양한 요리를 통해 환자(노인)들의 건강이 좋아지기를 바라는 마음이다.

# 달걀 잡곡 김밥

| 조리 난이도 | 조리시간 | 1인분 |
| --- | --- | --- |
| 중 | 30분 | 120g 전후 |

밥

잡곡밥에는 단백질은 물론 필수 지방산과 비타민, 마그네슘 등의 영양소가 풍부해 면역력을 높이고 변비는 없애주어 당뇨 환자에게 도움을 준다.

식이섬유가 장 통과시간을 단축시켜 콜레스테롤이 장에서 재흡수되는 시간이 짧아 고지혈증 환자에게 효과가 좋고, 혈압을 조절해주는 칼륨과 항산화물질인 폴리페놀 성분이 풍부해 각종 성인병과 고혈압 환자에게도 효과적이다.

### 재료

| | |
| --- | --- |
| 잡곡밥 | 70g |
| 달걀 | 40g |
| 오이 | 10g |
| 참기름 | 5g |
| 소금 | 조금 |
| 후추 | 조금 |
| 카놀라유 | 15ml |
| 참치액젓 | 3ml |
| 맛술 | 조금 |
| 2배 식초 | 2ml |
| 알룰로스 | 3ml |

### 조리방법

1. 잡곡밥은 고슬하게 지어 참기름, 후추, 소금으로 심심하게 간을 하여 준비한다.
2. 달걀은 참치액젓, 맛술을 넣어 잘 섞은 후 지단용 사각 팬에 카놀라유를 두르고 약불에서 각을 잡아 지단을 두툼하게 만든 후 김밥에 넣기 좋은 크기로 잘라 준비한다.
3. 오이는 씨를 제거한 후 김밥에 들어가기 좋은 크기로 잘라 식초, 소금, 알룰로스를 넣고 새콤달콤한 맛이 나게 절인다.
4. 양념한 잡곡밥을 김 위에 고루 펴서 올려주고 달걀 지단, 오이를 넣고 단단히 말아 준다.
5. 말은 김밥을 먹기 좋은 크기로 썰어 접시에 보기 좋게 담아낸다.

### Sauce & Cooking Tip

근래 들어 "저탄고지"란 말이 유행인데 이는 탄수화물은 적게 건강한 지방은 많이란 뜻으로 특히 다이어트를 하는 사람들이 많이 사용한다. 이 말도 영양의 불균형이란 생각에 그리 좋지는 않다고 본다. 영양은 균형 있게 섭취하는 게 올바르지 어떤 특정음식은 안 먹고 또 어떤 음식은 많이 먹는다는 것은 바른 식단은 아니다.
하지만 절제된 탄수화물의 배제로 암 증식을 억제하고 전이를 막기 위한 특정 암 환자에게 적용할 수 있다. 쌀은 배제하고 달걀로만 만든 키토김밥을 특별식으로 이 책에서 소개할 것이다.

# 새우 아보카도 마끼

| 조리 난이도 | 조리시간 | 1인분 |
|---|---|---|
| 중 | 30분 | 120g 전후 |

밥

새우에는 미네랄, 키토산, 타우린 등의 대표적인 영양성분들이 체내의 신진대사, 혈액 순환을 원활하게 하여 세균, 바이러스 등에 대항하는 면역력을 강화하며 혈관질환 예방에 도움이 되고 골다공증, 피부미용, 성장발육, 시력보호, 원기회복에 도움이 된다. 새우의 붉은 빛은 아스타잔티란 성분이 함유되어 항산화 작용을 통한 활성 산소를 제거하여 산화를 억제해 노화를 방지하는 좋은 효과가 있다.

## 재료

| 재료 | 분량 |
|---|---|
| 김 | 1/2장 |
| 밥 | 80g |
| 새우 | 15g |
| 아보카도 | 10g |
| 파프리카 | 2g |
| 올리브유 | 3ml |
| 후추 | 조금 |
| 소금 | 조금 |
| 참기름 | 3ml |

## 조리방법

1. 김은 말기 좋은 크기로 잘라 준비한다.
2. 밥은 고슬하게 지어 소금, 후추, 참기름을 넣어 버무린다.
3. 새우는 찜 솥에 쪄서 다지고 아보카도는 껍질을 벗겨 잘게 다져 새우와 올리브유, 소금, 후추를 넣어 준비한다.
4. 김에 밥을 주먹밥 식으로 쥐어 말은 후 그 위에 새우와 아보카도를 양념한 재료를 올려 요리를 완성한다.

### Sauce & Cooking Tip

마끼(まき, Roll) 요리는 다양한 음식으로 제공할 수 있다. 요리하는 셰프(Chef)의 창의력이 요구되는 메뉴이지만 다양한 연출이 가능하다는 건 그만큼 요리에 정성이 들어가고 맛도 좋을 수밖에 없다. 다만 면역음식이란 것을 잊지 말고 항상 먹는 이의 건강을 먼저 생각해야 한다.

| 조리 난이도 | 조리시간 | 1인분 |
|---|---|---|
| 중 | 40분 | 120g 전후 |

# 소고기 김치밥

김치는 채소를 주원료로 사용하는 저칼로리 식품으로 식이성 섬유를 많이 함유하고 있으며 장 운동의 활성화로 체내의 당류나 콜레스테롤 수치를 낮춰 주어 당뇨병, 심장질환, 비만 등 성인병 예방과 치료에 도움을 준다.

소고기에는 아미노산, 타우린 등의 성분은 몸의 신진대사를 촉진시켜 피로해소에 도움을 준다. 또한 트립토판 성분은 심신을 안정시켜주고 감정조절, 우울증 예방에도 효과가 있다.

## 재료

| | |
|---|---|
| 쌀(백미) | 80g |
| 소고기(우둔살) | 20g |
| 김치 | 30g |
| 쪽파 | 조금 |

### 양념장

| | |
|---|---|
| 통깨 | 조금 |
| 고추 | 5g |
| 파프리카 | 3g |
| 마늘 | 3 |
| 참기름 | 3ml |
| 맛술 | 2ml |
| 간장 | 5ml |

## 조리방법

1. 쌀은 불리고 밥을 지을 때 소고기와 씻은 김치를 넣고 밥을 짓는다.(밥은 질지 않도록 물 조절에 유의한다)
2. 양념장 재료를 모두 섞어 짜지 않게 만든다.
3. 그릇에 소고기 김치밥을 담고 그 위에 쪽파를 올려 요리를 완성한다.

### Sauce & Cooking Tip

밥 요리는 김치만이 아니라 표고버섯, 느타리버섯, 곤드레 나물 등의 건 나물밥 등 다양하게 접목할 수 있다. 간혹 입맛이 없거나 식사 패턴을 바꾸어 보고 싶다면 어렵지 않은 밥 요리로 식탁의 분위기를 바꿀 수 있다.

밥과 비벼 먹는 양념장은 짜지 않게 하며 특히 건강식에서는 중요한 요리 포인트이다. 이런 밥 요리가 나갈 때 국은 가급적 자극적이지 않은 부드러운 국이 좋다.

| 조리 난이도 | 조리시간 | 1인분 |
|---|---|---|
| 중 | 30분 | 120g 전후 |



# 양념된장으로 맛을 낸 유부초밥

부추는 소화성 궤양으로 구토를 할 때 먹으면 효과가 좋으며 간 기능 개선에 뛰어나 간의 채소라 불리며 김치로 만들어 먹으면 좋다. 몸을 따뜻하게 하고, 오래된 피를 배출해 위장, 변비, 빈혈 예방에 도움을 준다.
감기를 예방하거나 걸렸을 때 부추죽을 먹으면 좋고 설사를 멈추게 하는데 효과가 있다. 배가 차고 과민성대장증후군의 예방 및 치료에도 좋다.

## 재료

| 재료 | 분량 |
|---|---|
| 된장 | 10g |
| 고추장 | 3g |
| 표고버섯 | 3g |
| 양파 | 2g |
| 다진 닭고기 살 | 3g |
| 마늘 | 2g |
| 참기름 | 3ml |
| 카놀라유 | 10ml |
| 맛술 | 2ml |
| 후추 | 조금 |
| 밥 | 70g |
| 영양부추 | 3g |
| 두부 | 3g |
| 소금 | 조금 |
| 유부 | 2장 |

## 조리방법

1. 표고버섯, 양파, 마늘을 다져 준비한다.
2. 팬에 카놀라유를 두르고 마늘을 볶다 다진 닭고기 살<두부<표고버섯<양파<된장<고추장<맛술<참기름 순으로 넣어 물기가 안 보일 정도로 볶는다.
3. 밥(흰밥 또는 잡곡밥)에 참기름, 소금, 후추로 밑간하고 버무린 후 주먹밥 형태로 만든다.
4. 유부는 끓는 물에 빠르게 데쳐 기름기를 빼고 물기를 없앤다.(또는 뜨거운 물에 헹구어 기름기를 빼도 무방하다)
5. 유부에 만들어 놓은 주먹밥을 넣고 양념된장을 올려 놓는다.
6. 영양부추를 올려 요리를 완성한다.

### Sauce & Cooking Tip

양념된장 또는 쌈장은 짜지 않게 만드는 게 중요하다. 전체적인 메뉴 구성의 밥상은 짜게 보일 수 있는데 이는 밥 등의 탄수화물을 줄이고 반찬은 그대로 밥상에 놓는 경우가 있어 그렇다. 전반적인 음식의 간은 약간 싱거울 때 전체적인 조화가 이루어진다. 그렇다고 무조건 싱겁게만 하면 맛이 없으니 일반음식을 조리할 때보다 더 음식의 간에 신경을 써야 한다. 초밥으로는 사용하는 재료가 익어야 하는 특수성 때문에 재료 선별에 유의해야 한다.

# 단호박 수프(Soup)

조리 난이도 **중**
조리시간 **30분**
1인분 **120g 전후**

죽 수프

단호박은 이뇨작용과 체내 독소, 유해물질, 노폐물을 배출하는데 도움을 준다. 또한 단호박에 풍부하게 들어있는 칼륨은 나트륨 배출을 도와줘 부기를 제거하는데 효과적이다. 비타민 C, 베타카로틴 성분이 체내 면역력을 활성화하여 외부 세균이나 바이러스로부터 몸을 보호해 각종 질병뿐 아니라 피로해소와 감염질환 예방에도 효과적이고 각종 질환의 원인이 되는 활성 산소를 제거하여 발암물질의 생성을 억제해 암세포 발생과 증식의 예방에 도움을 준다.

## 재료

| | |
|---|---|
| 단호박 | 80g |
| 양파 | 10ml |
| 브로콜리 | 10g |
| 소금 | 조금 |
| 알룰로스 | 3ml |
| 카놀라유 | 5ml |
| 모둠 견과류 | 3g |
| 후추 | 조금 |
| 캐슈너트 | 15g |

## 조리방법

**1.** 단호박은 껍질이 있는 것으로 준비하여 속의 씨를 제거하고 잘게 썬다. 양파도 잘게 썰어 카놀라유를 두른 팬에 볶는다.(단호박 껍질은 가니쉬(고명)용으로 조금 썰어 준비한다)

**2.** 브로콜리는 먹기 좋은 크기로 자른 후 찜 솥에 찐다.

**3.** 모둠 견과류는 입자가 씹힐 정도의 굵기로 썬다.

**4.** 볶은 단호박, 양파, 캐슈너트를 믹서기에 넣어 곱게 간다.

**5.** 믹서기에 갈은 **4**의 재료를 냄비에 담은 후 끓여가며 농도를 조절하고 소금, 후추, 알룰로스를 넣어 요리를 완성하고 다진 견과류, 브로콜리, 단호박 껍질을 올려 나간다.

### Sauce & Cooking Tip

단호박 수프의 농도는 캐슈너트를 이용한 것이다. 본 책에서 소개하는 다른 수프의 농도는 통밀가루에 카놀라유를 넣어 "루"(Roux)를 만들어 사용했는데 이번 요리에는 다른 방법을 소개했다. 물론 각각의 요리에 따라 맛 또한 다르다. 맛을 넘어 좀 더 건강한 수프를 원한다면 캐슈너트를 넣어 농도를 조절하면 좋은데 "루"를 사용한 수프는 맛을 좀 더 생각한 건강 요리라 보면 된다. 어느 방법을 사용하든지 요리하는 이의 선택에 따라 맛은 달라진다.

# 블루바(블루베리, 바나나) 수프(Soup)

조리 난이도 **하**
조리시간 **20분**
1인분 **120g 전후**

죽 수프

블루베리는 항산화 물질인 안토시아닌이 풍부하여 면역력을 강화시키며, 질병과 노화의 원인인 활성 산소를 효과적으로 중화시키는 작용이 매우 뛰어나 암 예방에도 좋다. 피를 맑게 하는 안토시아닌의 보랏빛 색소는 동맥에 침전물이 생기는 것을 막아 피를 맑게 하며 심장 질환과 기억손실을 방지하며 뇌졸중 위험을 감소시킨다.

바나나가 익을 때 나타나는 슈가스폿은 검은 반점으로 암세포를 파괴하는 인자로 항암효과에 효과적이다. 또한 근육강화, 소화기능 개선, 우울증 완화에 좋은 세로토닌의 분비를 자극하기도 하며 고혈압 개선, 피부미용 등에 효과적이다.

## 재료

| 재료 | 분량 |
|---|---|
| 블루베리 | 25g |
| 바나나 | 25g |
| 두유 | 50ml |
| 잣 | 3g |
| 라즈베리 | 5g |
| 소금 | 조금 |
| 알룰로스 | 2ml |
| 올리브유 | 3ml |

## 조리방법

1. 블루베리, 바나나, 잣을 두유와 함께 믹서기에 갈아 준비한다.
2. 1에 소금, 알룰로스, 올리브유를 넣어 요리를 완성한다.
3. 라즈베리를 스프의 가니쉬로 올려 제공한다.

### 알룰로스

미래창조과학부는 최명숙 경북대 교수팀이 쥐를 대상으로 실험한 결과 알룰로스의 체중 · 체지방 조절 효과를 확인했고 관련 기전까지 찾았다고 밝혔다. 알룰로스는 전분에서 추출한 물질로 설탕 단맛의 70% 정도의 맛을 내지만 칼로리는 거의 없다. 연구진은 사료와 함께 알룰로스를 먹은 쥐(비만 쥐)는 체중과 체지방량이 모두 줄어든다고 밝혔다.
쥐의 체중과 체지방이 줄어든 이유에 대해 연구진은 알룰로스가 소장세포에서 특정 유전자(PPARα)의 발현을 감소시켜 지방의 흡수를 방해하기 때문이라고 밝혔다.

### Sauce & Cooking Tip

블루바 수프는 때에 따라 샐러드 드레싱이 될 수도 있다. 수프로는 냉수프인데 맛은 고소하며 단맛도 나기에 먹기 편하다. 가루약을 먹어야 하는 경우 블루바 수프에 약을 넣어 먹으면 편하게 먹을 수 있는 장점도 있다. 조리는 간단하지만 건강에 좋은 수프이다.

조리 난이도
중
조리시간
30분
1인분
120g 전후

죽 수프

# 바지락 토마토 수프(soup)

바지락은 저지방 어류에 속하며 육질 속의 '메타오닌' 성분은 근육을 형성하는 단백질이 잘 합성되도록 도움을 주며, 이 성분이 부족하면 지방이 쌓여 비만의 원인이 된다. 또한 타우린 성분은 심혈관 질환과 지방분해, 피로해소에도 좋다. 철은 혈액 속의 헤모글로빈을 구성하는 성분으로 '빈혈예방'에 효능이 있다.
토마토의 라이코펜 성분은 항암작용에 큰 도움을 주며, 비타민 K는 체내 칼슘이 빠지는 것을 방지하여 골다공증을 예방하고 다이어트, 피부개선, 혈관 노폐물 제거 등에 효과가 있다.

## 재료

| 재료 | 분량 |
|---|---|
| 바지락 | 50g |
| 토마토 | 20g |
| 마늘 | 3g |
| 양파 | 5g |
| 바질 잎 | 조금 |
| 월계수 잎 | 1장 |
| 후추 | 조금 |
| 소금 | 조금 |
| 알룰로스(단맛) | 3ml |
| 2배 식초 | 2ml |
| 카놀라유 | 15ml |
| 통밀가루 | 15g |

## 조리방법

1. 바지락은 요리하기 1시간 전에 흐르는 물에 박박 문질러 씻은 후 소금(천일염)물에 넣어 해감한다.
2. 토마토는 찜 솥에 찐 후 겉껍질을 벗기고 입자가 있을 정도로 다져 준비한다.
3. 바질, 양파, 마늘도 곱게 다져 준비한다.
4. 달구어진 팬에 카놀라유를 두르고 같은 양의 통밀가루를 넣어 루(Roux)를 만든다.
5. **1**의 바지락을 흐르는 물에 다시 박박 문질러 씻는다.
6. 냄비에 카놀라유를 두르고 마늘, 양파, 토마토를 볶아주다 육수 300ml 넣어 끓이다 바지락<바질 잎<월계수 잎을 순서대로 넣어 뭉근히 끓이다 볶아 놓은 루(Roux)로 농도를 맞추고 소금, 후추, 식초, 알룰로스를 넣어 요리를 완성한다.

### Sauce & Cooking Tip

건강식 또는 면역식에는 죽 요리가 많은데 이는 회복기 또는 위, 장에 문제가 있을 때 부담 없이 영양을 보충하기 좋은 메뉴이기 때문이다. 서양요리인 수프도 죽처럼 식사대용으로 먹지만 맛은 죽과 대비될 수 있다.
죽이 담백하고 깔끔하다면 수프는 깊은 육수에서 우러나는 감칠맛은 또 다른 별미이다. 속이 편한 음식으로 죽과 수프를 병행하여 준비한다면 환자들이 좋아할 것이다.

| 조리 난이도 | 조리시간 | 1인분 |
|---|---|---|
| 중 | 30분 | 120g 전후 |

# 키토 김밥

최근 연구에 따르면 달걀은 콜레스테롤 흡수를 감소시킨다는 결과가 나왔다. 그러나 노른자에는 콜레스테롤이 많이 들어 있어 성인이 된 후에 달걀을 많이 먹으면 혈액의 콜레스테롤 수치를 높여 동맥경화증과 같은 고지혈증 증상이 나타나는 경우가 있어 노른자의 과식은 삼가는 것이 좋다. 필수 아미노산인 라이신, 메티오닌, 트립토판 등이 골고루 들어 있어 단일식품으로는 영양가가 가장 뛰어난 것으로 알려져 있다.

## 재료

| | |
|---|---|
| 김 | 1장 |
| 달걀 | 2개 |
| 오이 | 20g |
| 맛술 | 2ml |
| 카놀라유 | 15ml |
| 참치액젓 | 조금 |

## 조리방법

1. 구운 김을 준비한다.
2. 달걀에 맛술, 참치액젓을 넣고 풀어준다.
3. 달구어진 팬에 카놀라유를 두르고 풀은 달걀을 스크램블하여 준비한다.
4. 오이는 길이대로 지른 후 씨를 제거하여 모양대로 길게 썰어 준비한다.
5. 구운 김 위에 스크램블한 달걀을 올리고 양념하지 않은 오이도 넣어 키토 김밥을 완성한다.

### Sauce & Cooking Tip

키토란 케톤, 또는 키토제닉(keto genic)이란 말에서 시작되었다. 기본적으로 탄수화물은 배제하고 건강한 지방식을 말하는데 흔히 다이어트하는 이들 사이에서는 유명하게 회자되는 단어이다. 사실 케톤식은 절제된 탄수화물 배제로 암의 증식을 억제하고 전이를 막기 위한 특정 암 환자들에게 적용할 수 있는 식사 방법이다. 하지만 평소 먹기에 한계가 있어 지속적인 케톤식을 유지하기란 쉽지 않다.

달걀

| 조리 난이도 | 조리시간 | 1인분 |
|---|---|---|
| 하 | 20분 | 120g 전후 |

# 토마토 스크램블

청경채에는 베타카로틴과 비타민C가 풍부하게 함유되어 면역력 강화에 도움이 된다. 뿐만 아니라 몸의 신진대사를 촉진해주고, 세포 조직을 강화시켜 각종 질병으로부터 보호해준다. 또한 칼륨이 풍부해 몸에 쌓인 나트륨을 배출시켜 혈압 안정에 도움을 주며, 항산화 작용도 탁월하여 고혈압, 동맥경화, 심근경색 등과 같은 혈관질환 및 암 예방에도 효과적이다.

## 재료

| | |
|---|---|
| 달걀 | 1개 |
| 토마토 | 40g |
| 청경채 | 1줄기 |
| 카놀라유 | 20ml |
| 참치액젓 | 5ml |
| 맛술 | 3ml |

## 조리방법

1. 달걀은 풀은 후 참치액젓, 맛술로 양념하여 준비한다.
2. 토마토는 가로, 세로 0.5cm로 자른 후 오븐에서 140도로 약 20분간 굽는다.
3. 청경채는 끓는 물에 데쳐 준비한다.
4. 팬에 카놀라유를 두르고 구운 토마토를 먼저 볶다가 남은 달걀을 넣어 스크램블 요리를 완성한다.

### Sauce & Cooking Tip

스크램블 요리는 아주 간단하면서도 어려운 요리이다. 쉽게 생각할 수 있지만 오버쿡이 되면 드라이되어 맛이 퍽퍽할 수 있고 너무 안 익어도 질척일 수 있다. 적절한 온도와 요리시간이 관건이다.

조리 난이도 **중**
조리시간 **30분**
1인분 **120g 전후**

달걀

# 호박소스를 올린 오믈렛

미국 농무부의 식품성분 데이터에 따르면 큰 완숙 달걀 1개에는 147mg의 콜린이 들어 있는데 소의 간 다음으로 풍부한 공급원이다. 평균 성인 남성은 매일 약 402mg의 콜린이, 여성은 약 278mg이 필요하다. 콜린 외에도 삶은 달걀은 단백질의 좋은 공급원이며, 비타민 A, 비타민 D, 비타민 E, 비타민 K 그리고 일부 비타민 B를 포함한다. 특히 필수 미네랄은 유방암 등을 예방하는 효과도 있다.

## 재료

| | |
|---|---|
| 달걀 | 1개 |
| 단호박 | 30g |
| 캐슈너트 | 10g |
| 올리브유 | 20g |
| 참치액젓 | 조금 |
| 소금 | 조금 |
| 알룰로스 | 3ml |
| 후추 | 조금 |

## 조리방법

1. 달걀은 풀어 참치액젓으로 간하여 준비한다.
2. 단호박은 찜 솥에 찐 후 식혀 캐슈너트와 믹서기에 곱게 갈아 준비한다.
3. 준비된 단호박에 올리브유, 소금, 후추, 알룰로스를 넣어 호박 소스를 만든다.
4. 풀은 달걀은 팬에 카놀라유를 두르고 약불에서 천천히 모양을 잡아 타원형으로 만든다.
5. 접시에 달걀 오믈렛을 담고 그 위에 호박 소스를 올려 요리를 완성한다.

### Sauce & Cooking Tip

참치액젓으로 달걀 요리를 하면 최고의 음식궁합을 보여준다. 달걀찜, 스크램블 등에 탁월한 감칠맛을 내며 소금, 간장의 짠맛이 따라올 수 없는 맛을 느낄 수 있다. 달걀 요리는 다양하지만 또 어찌 보면 국한적인 요리형태를 보이는데 오믈렛 위에 소스를 올리면 좀 더 정성들인 달걀 요리로 변신이 가능하니 간혹 해보는 것도 좋을 것 같다.

# 캐슈너트를 넣은 김 달걀말이

조리 난이도 **중**
조리시간 **30분**
1인분 **120g 전후**

달걀

몸에 요오드가 부족하면 갑상선 기능이 약해져 몸의 저항력이 떨어지고 신진대사가 저하되며 기력이 없어진다. 또한 성장기에는 지능 발달이 늦어지며 머리털이 빠지고 피부가 거칠어지는 등의 노화현상이 일어난다.
김, 미역과 같은 해조류에는 갑상선 호르몬의 구성 성분인 요오드가 풍부해 갑상선 부종을 방지하고 머리카락을 아름답게 가꾸어 준다.

## 재료

| | |
|---|---|
| 달걀 | 1개 |
| 캐슈너트 | 5g |
| 김 | 1장 |
| 참치액젓 | 3ml |
| 맛술 | 2ml |
| 카놀라유 | 10ml |

## 조리방법

1. 캐슈너트는 믹서기에 곱게 갈아 준비한다.
2. 달걀은 갈은 캐슈너트, 참치액젓, 맛술을 넣어 풀어 준다.
3. 카놀라유를 두른 팬에 풀은 달걀 물을 넣어 약불에서 천천히 익혀주며 김을 넣어 말아 요리를 완성한다.

### Sauce & Cooking Tip

달걀말이는 손과 시간이 많이 가는 요리이지만 선호도가 높은 메뉴이다. 또한 쉬운 요리라고 생각할 수 있는데 사실 작은 차이가 맛의 변화를 준다. 그 중 짠맛을 내는 방법으로 비린내가 나는 달걀에 참치액젓과 맛술이 들어가면 좋은 맛을 낼 수 있다. 캐슈너트는 고소하고 식감 있게 만들어주어 색다른 달걀말이의 맛을 볼 수 있다. 김을 넣는 이유는 영양적인 측면도 있지만 달걀말이의 모양을 보기 좋게 하기 위함이다.

조리 난이도
중
조리시간
20분
1인분
120g 전후

달걀

# 브로콜리 달걀말이

브로콜리는 콜리플라워나 양배추 같은 다른 십자화과 채소처럼 면역력을 강화하고 암을 퇴치하는 효능이 있다. 다른 완전식품들처럼 브로콜리에는 수용성 섬유질이 풍부해 연구에 따르면, 브로콜리에는 페놀성 화합물인 캠페롤이 들어 있어 알레르기와 관련된 성분이 신체에 주는 충격을 줄여주는 것으로 알려져 있다.

## 재료

| | |
|---|---|
| 달걀 | 1개 |
| 브로콜리 | 20g |
| 캐슈너트 | 20g |
| 참치액젓 | 2ml |
| 맛술 | 2ml |
| 후추 | 조금 |
| 카놀라유 | 20ml |

## 조리방법

1. 달걀은 풀어주고 브로콜리는 녹색 부분의 알갱이만 달걀물에 함께 섞어 준비한다.
2. 캐슈너트는 믹서기에 같은 양의 생수를 넣어 곱게 갈은 후 달걀물에 섞어준다.
3. **1**, **2**의 재료에 참치액젓, 맛술을 넣어 양념하여 준비한다.
4. 달걀말이 사각 팬에 카놀라유를 두르고 저온에서 천천히 달걀을 말은 후 오븐에서 150도로 약 4분간 더 구워 요리를 완성한다.

### Sauce & Cooking Tip

달걀말이에 김을 넣기도 하고, 볶은 김치를 다져 "김치 달걀말이"를 할 수도 있다. 중요한 건 짜지 않게 하고 전체적인 요리의 조화를 고려하는 것이 중요하다. 비린 맛이 날 수 있어 맛술을 사용하고 참치액젓은 달걀 요리에 궁합이 아주 잘 맞는 양념이다. 어린 새순 등의 가니쉬로 다양한 연출을 해 요리의 품격을 더할 수 있다.

# 건강 달걀찜

| 조리 난이도 | 조리시간 | 1인분 |
|---|---|---|
| **중** | **30분** | **120g 전후** |

병아리콩은 단백질, 칼슘, 식이섬유 등이 풍부한 건강식품이며, 혈당과 탄수화물에 대한 식탐을 억제하는 저혈당지수 식품으로 다이어트에 좋으며 고혈압, 혈중 콜레스테롤을 낮추는 효능이 있다.

## 재료

| | |
|---|---|
| 달걀 | 1개 |
| 새우 | 1마리(30미) |
| 병아리콩 | 조금 |
| 참치액젓 | 3ml |
| 맛술 | 2ml |
| 가쓰오부시 | 5g |
| 생수 | 50ml |

## 조리방법

1. 가쓰오부시는 생수에 약 1시간 이상 담가 맛을 우려낸다.
2. 새우는 삶은 후 모양을 살려 반으로 자른다.
3. 병아리콩은 끓는 물에 충분히 삶아 씹었을 때 무른 식감이 되도록 한다.
4. 달걀은 풀은 후 가쓰오부시 육수와 참치액젓, 맛술을 넣어 준비한다.(가쓰오부시 우린 물 5, 달걀 물 5 같은 양의 비율로 준비한다)
5. 오븐의 찜기나 찜 솥에 양념한 달걀찜을 용기에 담아 쪄낸다.

### Sauce & Cooking Tip

보통의 달걀찜 요리는 달걀과 같은 양의 생수를 넣으면 가장 적합한 비율이 된다. 가쓰오부시 육수를 넣으면 풍부한 감칠맛을 낼 수 있으며, 참치액젓만 넣어도 맛있는 찜 요리가 되지만 좀 더 맛있게 하고 싶다면 생수에 말린 다랑어 포인 가쓰오부시 육수를 사용하면 된다.
이런 방법은 비단 달걀찜뿐만 아니라 국물요리에도 요긴하게 쓸 수 있다. 달걀찜 위에 가니쉬로 새우를 올렸는데 표고버섯, 양송이버섯 등 다양한 식재료로 연출할 수 있다.

# 감자 샐러드

조리 난이도 **중** | 조리시간 **30분** | 1인분 **120g 전후**

샐러드

감자 130g이면 비타민 C 하루 권장량의 46.8%를 섭취할 수 있는데, 감자의 비타민 C는 녹말 입자로 둘러싸여서 익혀도 잘 파괴되지 않고 흡수율이 높다. 비타민 C는 항암작용과 암 예방, 스트레스로 인한 피로와 권태를 없애준다. 또한 감자는 칼륨을 많이 함유한 알칼리성 식품으로 몸속 나트륨을 배출시켜 고혈압 예방에 도움을 주며, 탄수화물은 혈당을 천천히 증가시켜 당뇨병 환자에게 좋은 식품이다.

### 재료

|  |  |
|---|---|
| 감자 | 50g |
| 토마토 | 20g |
| 오이 | 10g |
| 달걀 | 1/2개 |
| 건살구 | 5g |
| 모듬 견과류 | 3g |
| 올리브유 | 5ml |
| 알룰로스(단맛) | 3ml |
| 소금 | 조금 |
| 발사믹 식초 | 3ml |
| 후추 | 조금 |

### 조리방법

1. 감자와 달걀은 찜 솥에 찐 후 으깬다.(완전히 익힌다)
2. 오이는 씨를 제거하고 슬라이스하여 준비한다.
3. 토마토는 가로, 세로 1cm 크기로 자른 후 오븐에서 140도로 20분간 구운 다음 올리브유, 소금, 알룰로스로 양념한다.
4. 건살구와 견과류는(호두, 피스타치오, 아몬드, 캐슈너트 등) 잘게 다져 준비한다.
5. 모든 재료를 믹싱볼(Mixing bowl)에 혼합한 후 올리브유 소금, 후추, 알룰로스, 발사믹 식초를 넣어 요리를 완성한다.

### Sauce & Cooking Tip

감자와 함께 고구마, 단호박도 같은 방법으로 요리할 수 있는 재료이다. 과하지 않은 맛이(부드러운 맛) 중요하며 완성된 샐러드 위에 어린 새순과 같은 녹색 채소를 올려도 좋다.
전반적으로 환자들이 좋아하는 메뉴이지만 단맛의 첨가로 싫어하는 환자들도 있으니 샐러드 메뉴를 고려 중이라면 이런 부분도 생각해야 한다.

# 껍질콩(그린 빈) 슈퍼 샐러드

| 조리 난이도 | 조리시간 | 1인분 |
|---|---|---|
| 중 | 30분 | 120g 전후 |

샐러드

양배추에 많은 비타민 C는 면역력을 높이는 작용이 있다. 면역력은 세균이나 바이러스 등으로부터 자신을 보호하는 기능으로, 비타민 C는 체내에 들어온 세균이나 바이러스 등을 공격하는 백혈구의 작용을 돕는 동시에 스스로도 세균이나 바이러스와 싸워서 체내에 침입을 방지한다. 양배추에는 식이섬유가 많이 함유되어 변비를 해소하고 나쁜 콜레스테롤 역시 흡수해서 체외로 배출시키는 작용을 하여 동맥경화, 뇌경색 등의 혈액 관련 질환을 예방한다.

## 재료

|  |  |
|---|---|
| 양배추 | 20g |
| 양파 | 5g |
| 껍질콩(그린 빈) | 20g |
| 파프리카 | 5g |
| 병아리콩 | 5g |
| 수수 | 5g |
| 토마토 | 20g |
| 마 | 20g |
| 올리브유 | 10ml |
| 소금 | 조금 |
| 발사믹 식초 | 3ml |
| 알룰로스(단맛) | 3ml |
| 2배 식초 | 1ml |

## 조리방법

1. 양파는 가로, 세로 1cm 자른 후 물에 담가 매운맛을 제거한다.
2. 그린 빈은 1cm 크기로 자르고 양배추, 파프리카, 토마토, 마도 가로, 세로 1cm 크기로 자른 후 토마토는 오븐에 굽고 그린 빈과 마는 찜 솥에 쪄서 준비한다.
3. 병아리콩과 수수는 충분히 삶아 준비한다.(콩을 씹었을 때 딱딱하지 않도록)
4. 준비된 **1**, **2**, **3**의 모든 재료를 섞은 후 올리브유, 소금, 알룰로스, 발사믹 식초, 식초를 넣어 양념하여 요리를 완성한다.

### Sauce & Cooking Tip

올리브유와 식초, 발사믹 식초, 알룰로스, 소금을 넣은 샐러드는 기본 베이스로 무난한 건강 지중해풍 샐러드 요리가 된다. 여기 소개한 방식 외에 익힌 닭가슴살, 새우 등 다양한 재료를 넣을 수 있고, 엽채류인 적겨자채, 봄동 등을 넣어 만든 샐러드도 좋다.

# 단호박 소스로 맛을 낸 큐브 샐러드

| 조리 난이도 | 조리시간 | 1인분 |
|---|---|---|
| 하 | 20분 | 120g 전후 |

샐러드

오이는 비타민 C를 비롯해 다양한 비타민 성분들을 함유해 면역력을 높여주는 식물화학 성분으로 항암 작용을 해서 암 예방에 효능이 있다.

또한 오이는 세포에 좋지 않은 몸속 활성 산소를 제거하는데도 큰 도움을 준다. 채소계의 산화방지제로도 불리는 오이를 자주 섭취하면 면역력이 높아져 각종 잔병 예방에 도움이 되며, 무기력한 증상도 없애준다.

### 재료

| | |
|---|---|
| 단호박 | 50g |
| 오이 | 30g |
| 마 | 20g |
| 브로콜리 | 10g |
| 파프리카 | 5g |
| 방울토마토 | 5g |
| 메추리알 | 1개 |
| 올리브오일 | 5ml |
| 소금 | 조금 |
| 알룰로스 | 3ml |
| 2배 식초 | 2ml |
| 후추 | 조금 |
| 캐슈너트 | 5g |

### 조리방법

1. 단호박은 찜 솥에 찐 후 캐슈너트와 함께 믹서기에 곱게 갈고 올리브오일, 소금, 후추, 식초, 알룰로스를 가미한다.
2. 오이는 씨를 제거하고 마, 파프리카와 함께 작은 주사위 모양으로 썰어 준비한다.
3. 방울토마토, 메추리알은 4등분한다.
4. 브로콜리는 먹기 좋은 크기로 자른 후 쪄서 준비한다.
5. 오이, 브로콜리, 파프리카, 마를 단호박 소스(sauce)에 버무려 접시에 보기 좋게 담아내고 방울토마토, 메추리알은 가니쉬(Garnish)로 올려 요리를 완성한다.

### Sauce & Cooking Tip

큐브(Cube), 또는 콥(Cobb) 샐러드(Salad) 종류는 다양하다. 요리하는 이의 관점에서 다양한 연출이 가능하며, 단호박을 응용한 소스, 수프, 드레싱 등도 얼마든지 연출이 가능하고 맛 또한 좋다. 주로 제철에 나는 식재료를 활용하면 더욱 요리가 빛날 것이며 먹는 이 또한 행복할 것이다. 주로 작은 주사위 모양 또는 잘게 다져 만드는 형태의 샐러드인데 파프리카 등 여러 가지 과일을 사용하여 요리할 수 있다.

# 단호박을 올린 그린 샐러드

| 조리 난이도 | 조리시간 | 1인분 |
|---|---|---|
| 중 | 30분 | 120g 전후 |

치커리에 다량 함유된 식이섬유는 혈당과 포도당 흡수를 감소시키며, 이눌린 성분 또한 혈당 조절에 뛰어난 효능이 있다. 치커리의 쓴맛을 내는 인티빈 성분은 위 점막을 보호하고 소화를 촉진하여 위 건강에 도움을 준다. 백내장 및 안구 건조증, 야맹증 등을 예방하는데 도움이 되며, 치커리의 카로틴 성분은 눈의 피로를 풀고 시력을 개선하기도 한다.

## 재료

| | |
|---|---|
| 단호박 | 60g |
| 치커리 | 10g |
| 영양부추 | 10g |
| 적겨자 | 10g |
| 배추 | 5g |
| 방울토마토 | 10g |

**플레인 단호박 드레싱**

| | |
|---|---|
| 플레인(무가당) | 40ml |
| 알룰로스(단맛) | 5ml |
| 소금 | 조금 |
| 후추 | 조금 |
| 올리브유 | 10ml |
| 찐 단호박 | 20ml |

## 조리방법

1. 단호박은 찜 솥에 으깨어질 정도로 찐 후 소금, 올리브오일, 알룰로스를 넣어 준비한다.
2. 치커리, 영양부추, 적 겨자, 배추는 먹기 좋은 크기로 자른 후 물에 담가 준비한다.
3. 방울토마토는 4등분하여 오븐에서 140도로 약 20분간 구운 후 올리브오일, 알룰로스, 소금을 가미하여 준비한다.
4. 접시에 치커리, 적겨자, 배추, 영양부추를 섞은 그린 샐러드를 올려준다.
5. 양념한 단호박은 수저 두 개로 퀸넬 모양을 잡아 **4**의 샐러드 위에 모양을 잡아 올려준다.
6. 드레싱을 샐러드 위에 보기 좋게 올려 요리를 완성한다.

**플레인 단호박 드레싱**

플레인, 단호박, 소금, 후추, 알룰로스, 올리브오일 등을 섞어 만든다.

### Sauce & Cooking Tip

단호박을 이용한 요리는 무궁무진하다. 건강에도 좋고 맛도 좋아 호불호 없이 많은 이들이 좋아하는 메뉴라 요리하는 입장에서는 아주 좋은 식재료이다. 이 책에서도 단호박을 응용한 몇 가지 요리를 소개하니 참고하여 메뉴로 활용하면 도움이 될 것이다.

조리 난이도 **하** | 조리시간 **20분** | 1인분 **120g**

# 닭가슴살 그린 샐러드

암 환자에게 양질의 단백질 섭취는 필수적이다. 육류의 살코기 부위, 생선, 두부, 콩, 달걀, 우유 등을 끼니마다 적당량 섭취하는 것이 좋다. 닭고기에는 오메가3와 리놀레산이 풍부해 미국 암연구협회(AICR)와 세계암연구재단(WCRF)은 암 예방 식생활에서 닭고기를 비롯한 백색육을 섭취할 것을 권장하고 있다. 또한 혈액 순환에도 영향을 미쳐 심혈관 질환과 동맥경화 예방에도 도움이 된다.

## 재료

| | |
|---|---|
| 닭가슴살 | 20g |
| 적겨자채 | 10g |
| 치커리 | 10g |
| 샐러리 | 5g |
| 파프리카 | 5g |
| 어린 새순 | 10g |

**플레인 라즈베리 드레싱**

| | |
|---|---|
| 플레인 | 30ml |
| 라즈베리(냉동) | 10g |
| 알룰로스(단맛) | 5ml |
| 소금 | 조금 |
| 후추 | 조금 |
| 캐슈너트 | 3g |
| 올리브 오일 | 10ml |

## 조리방법

1. 닭가슴살은 찜 솥에 찐 다음 실온에서 식혀 가로, 세로 2cm 크기로 자른 후 올리브오일, 소금, 후추에 버무린다.
2. 적겨자채, 치커리, 샐러리, 어린 새순은 먹기 좋은 크기로 자르고 물에 담가 준비한다.
3. 닭가슴살, 그린 채소를 접시에 보기 좋게 담고 드레싱은 별도 그릇에 담아 제공한다.

**플레인 라즈베리 드레싱**
**(Plain Raspberry Dressing)**

라즈베리, 캐슈너트를 믹서기에 곱게 갈은 후 플레인, 올리브유, 소금, 후추 등을 섞어 만든다.

### Sauce & Cooking Tip

면역음식에서 샐러드(Salad) 드레싱(Dressing)을 어렵게 생각하는 이들이 많다. 아무래도 케첩, 마요네즈 등의 가공 소스류를 사용하지 않기 때문일 것이다. 간단하게 생각하면 수학 공식 같은데 먼저 첫 번째로 간장 베이스의 많은 이들이 좋아하는 오리엔탈 드레싱류가 있고, 두 번째로는 과일 베이스의 드레싱으로 주로 단맛이 가장 강한 파인애플을 중심으로 레몬, 딸기, 망고 등을 이용하여 올리브유, 식초, 소금 등을 넣어 만든 드레싱이다. 세 번째로는 견과류 즉 캐슈너트를 이용한 마요네즈 맛의 드레싱이다. 흔히 두부 마요네즈라고도 하는데 두부에 캐슈너트를 넣어야 고소한 맛이 올라간다.

# 도라지 그린 샐러드

조리 난이도 하
조리시간 20분
1인분 120g 전후

도라지에는 사포닌, 비타민 C, 철, 인 등이 함유되어 몸의 면역력을 강화시키며, 혈당 수치를 정상적으로 만들어 주는 효능은 당뇨환자 및 예방에도 좋다. 또한 콜레스테롤을 저하하는 효능이 있어 혈관계 질환에도 좋다. 특히 혈전에 유해 콜레스테롤이 모여 혈관을 막는 고혈압의 경우 도라지에 함유된 성분이 유해 콜레스테롤을 녹이는 효능이 있다.

## 재료

| | |
|---|---|
| 도라지 | 3줄기 |
| 치커리 | 30g |
| 샐러리 | 10g |
| 레디시 | 5g |
| 어린 새순 | 5g |
| 적채 | 5g |

**라즈베리 드레싱**

| | |
|---|---|
| 라즈베리 | 15g |
| 캐슈너트 | 3g |
| 파인애플 | 5g |
| 레몬 | 3g |
| 올리브오일 | 10ml |
| 소금 | 조금 |
| 2배 식초 | 신맛을 더하고 싶을 때 |
| 알룰로스(단맛) | 5ml |

## 조리방법

1. 도라지는 조리용 방망이로 두들긴 후 손으로 결을 따라 찢어 준비한다.
2. 치커리, 샐러리는 먹기 좋은 크기로 자르고 레디시, 적채는 얇게 슬라이스한 후 어린 새순과 함께 찬물에 담가 준비한다.
3. 드레싱은 별도 그릇에 담아 제공한다.

**라즈베리 레몬 드레싱**
**(Raspberry Lemon Dressing)**

라즈베리, 캐슈너트, 파인애플, 레몬 등을 믹서기에 넣어 곱게 갈은 후 올리브오일, 소금, 알룰로스 등을 넣어 완성한다.

### Sauce & Cooking Tip

그린 샐러드는 치커리, 로메인, 적겨자, 양상추, 어린 새순 등을 기본 베이스로 하며 그 위에 무엇을 올리느냐에 따라 샐러드 이름이 바뀐다. 이 요리에 아보카도를 올리면 "아보카도 그린 샐러드"가 된다. 또한 여러 채소에 직접 올리브오일 등으로 양념하여 제공하기도 하지만 별도로 드레싱을 만들어 내어놓기도 한다.
드레싱 또한 레시피(Recipe)를 외우려 할 게 아니라 이해를 하면 얼마든지 응용이 가능하다. 예를 들어 "라즈베리 드레싱"에 라즈베리 대신 비트를 사용했다면 "비트 드레싱"이 된다. 다만 드레싱에 어울리는 샐러드인지를 먼저 이해하는 게 중요하다.

조리 난이도
**중**

조리시간
**20분**

1인분
**120g 전후**

샐러드

# 마 샐러드

후추의 주요 성분인 피페린(piperine)이 혀의 미뢰를 자극하면 위 소화액이 분비되어 소화가 잘 되도록 도와준다. 성질이 따듯해 위와 장의 냉기를 없애고, 비만 유전자의 활동과 지방세포의 촉진을 억제하는 효능이 있어 다이어트에 도움이 되는 것으로 알려졌다. 또한, 살균 및 살충, 방부 효과가 있어 면역력을 높이며, 음식을 보존하는데 널리 사용한다. 암세포의 증식을 억제하는데 효과가 있다는 연구결과도 있다.

## 재료

| | |
|---|---|
| 마 | 50g |
| 오이 | 30g |
| 방울토마토 | 20g |
| 올리브유 | 10g |
| 소금 | 조금 |
| 후추 | 조금 |
| 바질 잎 | 1장 |
| 병아리콩 | 10g |
| 2배 식초 | 2ml |

## 조리방법

1. 마는 가로, 세로 2cm 크기로 자른 후 찜 솥에 쪄서 준비한다.
2. 방울토마토는 4등분하여 오븐에서 140도로 약 20분간 굽는다.
3. 오이도 마와 같은 크기로 잘라 준비한다.
4. 병아리콩은 끓는 물에 충분히 삶아 씹었을 때 딱딱하지 않게 준비한다.
5. 바질 잎은 곱게 다져 준비한다.
6. 마, 오이, 방울토마토, 바질, 병아리콩을 모두 섞은 후 올리브유, 소금, 후추, 알룰로스를 넣어 요리를 완성한다.

### Sauce & Cooking Tip

마를 익히면 끈적거리는 점성 물질이 나오는데 이는 "뮤신"이라는 성분으로 위나 장이 안 좋은 이에게는 좋은 효과를 낸다. 또한 요리에는 소스(Sauce)와 같은 느낌이 나기도 하는데 이때 올리브유 등을 넣어 맛을 내면 자연스럽게 샐러드의 느낌도 낼 수 있다.

# 방울양배추 사과 샐러드

| 조리 난이도 | 조리시간 | 1인분 |
|---|---|---|
| 하 | 20분 | 120g 전후 |

사과에 들어 있는 식이섬유는 변비를 해결해주고 대장암의 확률을 낮추며 발암성 물질을 배출하는 효과도 있다.
나트륨은 체내에 축적되면 몸이 붓는 증상이 일어나는데, 사과에는 칼륨이 풍부해 체내에 불필요한 나트륨을 배출시켜 혈압이 오르는 것을 방지한다. 비타민 C는 피로를 없애주고 해독과 동시에 면역력을 높여준다.

## 재료

| 재료 | 분량 |
|---|---|
| 방울양배추 | 40g |
| 사과 | 30g |
| 적채 | 20g |
| 레디시 | 5g |
| 렌틸콩 | 10g |
| 파프리카 | 5g |
| 라즈베리 | 5g |
| 2배 식초 | 3ml |
| 올리브오일 | 15ml |
| 알룰로스 | 5ml |
| 소금 | 조금 |
| 발사믹 식초 | 2ml |

## 조리방법

1. 방울양배추는 크기에 따라 1/2 또는 1/4로 잘라 밑동은 제거한 후 끓는 물에 데친다.
2. 사과는 껍질째 깍두기 모양으로 잘라 준비한다.(세척을 잘해야 함)
3. 파프리카, 적채는 사각형 모양으로, 레디시는 슬라이스하여 준비한다.
4. 렌틸콩은 삶아 준비한다.
5. 모든 재료를 믹싱볼에 섞은 후 올리브오일, 알룰로스, 발사믹 식초, 소금, 식초를 가미해 요리한다.
6. 접시에 **5**의 요리를 보기 좋게 담고 그 위에 라즈베리를 올려 요리를 완성한다.

### Sauce & Cooking Tip

방울양배추는 삶지 않고 프레쉬(Fresh) 상태로 요리해도 좋다. 하지만 크기에 따라 먹기가 불편할 수 있으니 이 점을 유의하여 조리하고 호두 등의 견과류를 함께 사용하여 샐러드를 완성해도 좋다. 과일이 들어간 샐러드에는 바나나, 단감, 딸기, 오렌지, 키위 등 다양하게 색깔별로 사용할 수 있다.

# 블루베리 그린 샐러드

조리 난이도 하
조리시간 20분
1인분 120g 전후

미국 인간영양연구센터의 연구 결과에 따르면 블루베리의 안토시아닌은 산화 방지 효과가 뛰어나 암 예방에 효과적이라고 한다. 또한, 블루베리는 식이섬유가 풍부하고 장속 독소 생성과 콜레스테롤 흡수를 억제해 대장암 예방에 도움을 준다. 이 외에도 클로로렌산, 프로안토시아닌, 플라보놀 배당체 등 다양한 폴리페놀이 함유돼 각종 암을 유발하는 유해물질을 배출하고 정화한다.

## 재료

| | |
|---|---|
| 블루베리 | 50g |
| 목이버섯 | 30g |
| 파프리카 | 20g |
| 적양파 | 10g |
| 겨자 잎 | 5g |
| 적겨자 잎 | 5g |
| 어린 새순 | 1개 |

### 오리엔탈 드레싱

| | |
|---|---|
| 올리브오일 | 10ml |
| 간장 | 7ml |
| 2배 식초 | 3ml |
| 알룰로스 | 7ml |
| 다진 마늘 | 1g |
| 갈은 통깨 | 1g |

## 조리방법

1. 냉동 블루베리는 상온에서 해동하여 준비한다.
2. 목이버섯은 끓는 물에 데치고 겨자 잎과 같이 약간 굵은 크기로 슬라이스하여 준비한다.
3. 파프리카, 적양파는 작은 사각형으로 자르고 싱싱한 어린 새순을 준비한다.

### 오리엔탈 드레싱

통상 간장(짠맛), 단맛, 식초(신맛) 등을 같은 비율로 양념하여 만들지만 치료음식의 소스는 짠맛과 단맛의 양을 좀 빼서 조리한다. 이는 먹는 이의 양의 가감으로 대체해도 될 것이다.
여기서는 통깨(고소한 맛) 대신 캐슈너트를 갈아 넣어도 맛이 있으며 다진 마늘을 넣어도 좋다.

### Sauce & Cooking Tip

그린 샐러드는 제철에 나는 식재료로 다양한 연출을 할 수 있다. 샐러드란 단어가 영어이기에 꼭 외래종 채소를 써야 하는 법은 없다. 배추, 달래, 영양부추 등 우리 토종의 제철 식재료로도 얼마든지 훌륭한 그린 샐러드를 만들 수 있다.
제철에 나는 과일은 물론 한식 스타일로 고춧가루, 참기름을 넣어 겉절이 형태의 훌륭한 샐러드도 만들 수 있다.

조리 난이도 **하**
조리시간 **20분**
1인분 **120g 전후**

# 새송이버섯 그린 샐러드

새송이버섯은 무기질과 각종 영양소가 풍부하여 암세포를 억제하고 예방하는데 효과가 좋다. 해독작용으로 간 기능 강화에 도움을 주고, 숙취와 피로를 없애주며 비타민 C는 피부미용에, 비타민 E는 노화 예방에 좋다.
식이섬유 성분은 변비예방과 설사예방에 효과가 좋아 자주 먹으면 위와 장 건강에 도움이 된다.

## 재료

| 재료 | 분량 |
|---|---|
| 새송이버섯 | 70g |
| 프리세 | 10g |
| 브로콜리 | 15g |
| 토마토 | 10g |
| 파프리카 | 5g |
| 올리브오일 | 10ml |
| 소금 | 조금 |
| 후추 | 조금 |
| 알룰로스 | 5ml |
| 2배 식초 | 3ml |

## 조리방법

1. 브로콜리, 새송이버섯은 손질 후 끓는 물에 데친다.
2. 프리세(Frisee)는 손질해 먹기 좋은 크기로 잘라 준비한다.
3. 파프리카는 작은 주사위 모양으로 잘라 준비한다.
4. 믹싱 볼에 새송이버섯, 브로콜리, 파프리카를 넣은 후 올리브오일, 소금, 후추, 알룰로스, 식초를 가미한다.
5. 접시에 **4**의 요리를 올린 다음 그 위에 프리세를 보기 좋게 꾸며 완성한다.

### Sauce & Cooking Tip

새송이버섯나 표고버섯, 느타리버섯 등을 활용한 버섯 샐러드는 여러 채소들과 궁합이 잘 맞아 샐러드 요리로 활용하기에 좋은 식재료이다. 또한 프리세(Frisee)는 단맛이 나며 아삭한 식감도 있어 좋은 샐러드 재료이나 아직 대중화가 되지 않아 가격이 비싼 게 흠이다. 토마토는 프레쉬 상태로 사용해도 좋으나 구우면 라이코펜 성분이 올라가 더 건강한 요리를 할 수 있다.

| 조리 난이도 | 조리시간 | 1인분 |
|---|---|---|
| 하 | 20분 | 120g 전후 |

# 새우 슈퍼 콩 샐러드

새우에 함유된 타우린 성분은 간 기능, 심혈관 건강을 개선해 심장병과 당뇨병 같은 성인병 예방에 큰 도움을 준다. 또한 원기 회복 및 인지 기능을 향상시키며 해독 효과가 뛰어나 숙취해소와 알코올 분해에도 좋다.
새우의 꼬리와 껍질에 많이 함유된 고분자 성분인 키토산은 혈중 콜레스테롤 수치 저하, 혈당 조절, 혈압 조절, 항암 효과, 간 기능 개선, 장내 유효 유산균 증식 등 다양한 효능을 지니고 있다.

## 재료

| 재료 | 분량 |
|---|---|
| 새우 | 3마리 |
| 병아리콩 | 20g |
| 렌틸콩 | 10g |
| 비타민 | 5g |
| 파프리카 | 5g |
| 라디치오 | 5g |
| 치커리 | 5g |
| 어린 새순 | 조금 |

### 플레인 드레싱

| 재료 | 분량 |
|---|---|
| 플레인 | 50ml |
| 홀 그레인 머스터드 | 2g |
| 캐슈너트 | 5g |
| 소금/식초 | 조금 |
| 올리브유 | 5ml |
| 알룰로스 | 2ml |

## 조리방법

1. 새우는 껍질을 제거하여 끓는 물에 삶아 병아리콩 만하게 가위로 잘라 준비한다.
2. 병아리콩, 렌틸콩은 끓는 물에 삶아 준비한다.
3. 비타민, 라디치오, 치커리, 어린 새순은 적당한 크기로 자른 후 찬물에 담가 둔다.
4. 파프리카는 슬라이스하여 준비한다.

**플레인 홀 그레인 드레싱**
**(Plain Whole Grain Dressing)**

캐슈너트는 믹서기에 곱게 갈은 후 플레인, 홀 그레인 머스터드, 올리브유, 소금, 식초, 알룰로스 등을 모두 섞어 완성한다.

### Sauce & Cooking Tip

해산물 샐러드에 발사믹 식초나 레몬 등이 들어가면 상큼한 맛을 더할 수 있다. 또 홍합, 오징어 등도 넣어 조리하면 더욱 훌륭한 요리가 된다. 최근에는 각종 콩류를 넣어 슈퍼 샐러드란 이름으로 좋은 평을 받고 있다.
여기에 소개하는 샐러드는 기본적으로 신선한 제철 채소를 중심으로 콩, 해산물, 과일, 아보카도, 토마토 등을 올려 요리를 구성하고 있다. 또한 드레싱은 간장, 플레인, 캐슈너트, 과일 등을 적절히 배합하여 사용하고 있으니 참고하기 바란다.

| 조리 난이도 | 조리시간 | 1인분 |
|---|---|---|
| 하 | 20분 | 120g 전후 |



# 수박 샐러드

체내에 유입되는 산화물질, 즉 활성 산소로 인해 각종 질병에 노출되기 쉬운데 토마토 같은 붉은 색의 채소와 과일에는 라이코펜(Lycopene)이 많이 함유되어 있다.
특히 수박에는 토마토보다 많은 양의 라이코펜이 있어 체내의 유해산소를 제거하고 항염, 항암, 노화 예방에 효과가 있으며 세포와 조직의 손상을 방지하고 혈액 순환 개선에도 도움이 된다. 또한 심혈관 질환 예방, 피부미용 등에도 좋은 효과가 있다.

## 재료

| | |
|---|---|
| 수박 | 80g |
| 레몬 | 20g |
| 바질 잎 | 3개 |
| 치커리 | 5g |
| 블루베리 | 5g |
| 후추 | 조금 |
| 올리브오일 | 15ml |
| 2배 식초 | 조금 |
| 소금 | 조금 |
| 알룰로스 | 5ml |

## 조리방법

1. 수박은 껍질을 제거하고 사각형으로 잘라 준비한다.
2. 레몬은 겉껍질은 다지고 속살은 즙만 내어 요리에 사용한다.
3. 바질은 곱게 다져 준비한다.
4. 믹싱볼에 수박, 레몬, 바질을 넣고 올리브오일, 후추, 소금, 알룰로스를 가미한다.(신맛을 더 원하면 식초를 조금 넣어도 좋다)
5. 접시에 완성된 요리를 담아내고 치커리, 블루베리로 가니쉬하여 요리를 완성한다.

### Sauce & Cooking Tip

여름에 강력히 추천하고 싶은 대표적인 요리이다. 레몬의 상큼함이 수박의 맛을 더하고 바질 향은 수박 샐러드 요리를 더욱 고급스럽게 해준다. 대표적인 여름 과일인 참외는 무침 형태로 먹어도 맛이 일품이다.

# 양송이버섯 슈퍼 샐러드

조리 난이도 **중**
조리시간 **30분**
1인분 **120g 전후**

샐러드

양송이버섯에는 면역력을 높여주는 베타글루칸 성분이 풍부하여 암세포의 분열과 재발을 방지해 항암작용, 항균효과가 뛰어나다. 몸속의 단백질과 혈압을 조절하는 칼륨이 풍부하며 특히 비타민 B2가 버섯 중 가장 많아서 양송이버섯 5~6개면 성인 비타민 하루 필요량을 채울 수 있다.

양송이버섯에는 단백질 함량이 버섯 중 최고이며 우유와 비슷한 양의 단백질이 있어 암 환자에 아주 유용한 버섯인데 특히 간암 환자에게 유용하다.

## 재료

| | |
|---|---|
| 양송이버섯 | 50g |
| 아스파라거스 | 30g |
| 병아리콩 | 20g |
| 비트 | 5g |
| 토마토 | 10g |
| 렌틸콩 | 5g |
| 오이 | 5g |
| 카놀라유 | 20ml |
| 발사믹 식초 | 10ml |
| 올리브오일 | 5ml |
| 알룰로스 | 5ml |
| 후추 | 조금 |
| 소금 | 조금 |

## 조리방법

1. 양송이버섯은 물에 가볍게 씻어 먹기 좋은 크기로 잘라 준비한다.
2. 아스파라거스는 겉껍질을 필러로 벗긴 후 적당한 크기로 자르고 비트는 가로, 세로 1cm로 썰어 준비한다.
3. 병아리콩은 물에 불린 다음 끓는 물에 충분히 삶아 씹었을 때 딱딱하지 않도록 한다.
4. 토마토는 가로, 세로 1cm 크기로 자른 후 오븐에서 140도로 약 20분간 구어 준비한다.
5. **1**, **2**, **3**의 재료는 팬에 카놀라유를 두르고 볶은 다음 구운 토마토를 섞어 올리브오일, 발사믹 식초, 후추, 소금, 알룰로스를 넣어 요리를 완성한다.

### Sauce & Cooking Tip

슈퍼 샐러드란 몸에 좋은 식재료가 많이 들어가 슈퍼란 말을 붙였다. 사실 여기 소개되는 많은 샐러드가 슈퍼가 아닌가란 생각이 들지만 콩 종류가 2개 이상 들어가고 아스파라거스, 비트가 들어가 감히 슈퍼란 말을 쓴 것이다. 가급적 버섯 요리를 많이 생각하기에 이번에는 샐러드에 양송이를 넣었다.

조리 난이도 **상**
조리시간 **40분**
1인분 **120g 전후**

샐러드

# 영양부추 두부 샐러드

영양부추는 성질이 약간 따뜻하고 맛은 시고 맵고 떫으며 독이 없다. 날 것으로 먹으면 아픔을 멎게 하고 독을 풀어준다. 익혀 먹으면 위장을 튼튼하게 해주고 설정(泄精)을 막아준다.

부추는 일명 기양초(起陽草)라고 부르며, 이시진(李時珍)이 지은 『본초강목(本草綱目)』에는 온신고정(溫腎固精), 즉 신장을 따뜻하게 하고 생식기능을 좋게 하는 효과가 있다고 기록되어 있다.

## 재료

| | |
|---|---|
| 두부 | 40g |
| 영양부추 | 20g |
| 토마토 | 10g |
| 마늘 | 3g |
| 양파 | 5g |
| 올리브유 | 10ml |
| 발사믹 식초 | 5ml |
| 후추 | 조금 |
| 2배 식초 | 2ml |
| 알룰로스 | 3ml |
| 소금 | 조금 |
| 카놀라유 | 10ml |

## 조리방법

1. 두부는 가로, 세로 2cm 크기로 자른 다음 카놀라유를 두른 팬에 팬 프라이하여 준비한다.
2. 토마토는 잘게 잘라 오븐에 드라이하듯 굽는다.
3. 영양부추는 먹기 좋은 크기로 자른 후 찬물에 담가 준비해 둔다.
4. 준비된 재료를 모두 섞은 후 올리브유, 소금, 발사믹 식초, 알룰로스, 식초를 가미하여 요리를 완성한다.

### Sauce & Cooking Tip

프레쉬 샐러드(Fresh Salad)를 만들 때 주로 사용하는 신선한 채소로는 루꼴라, 프리세, 청겨자, 적치커리, 비타민, 라디치오, 적근대, 로메인, 적겨자, 오크립, 샐러리, 레드 레디시, 미니코스, 치커리, 신선초, 루비레드, 양상추 등을 들 수 있다. 채소의 색깔 안배에 신경 써야 하고 전체적인 조화도 고려해야 한다.
근래 들어서는 여러 콩과 섞어 만든 지중해풍의 샐러드가 인기가 많다.

# 오이 오렌지 콥 샐러드

조리 난이도 **하**
조리시간 **20분**
1인분 **120g 전후**

오렌지에 함유된 플라보노이드 성분은 암세포의 성장을 억제하고 모세혈관을 강화시켜 항암효과를 높인다. 플라보노이드의 일종인 루틴과 식이성 엽산, 헤스페리딘 성분이 풍부해 항염증, 항바이러스는 물론 노화 예방과 혈관기능을 향상시켜 준다. 피를 깨끗하고 맑게 해 심장 질환 및 뇌경색 예방에도 좋은 과일이다.

## 재료

| | |
|---|---|
| 오렌지 | 1/3개 |
| 오이 | 20g |
| 파프리카 | 10g |
| 브로콜리 | 10g |
| 바질 잎 | 조금 |
| 올리브오일 | 15ml |
| 소금 | 조금 |
| 후추 | 조금 |
| 알룰로스 | 3ml |
| 2배 식초 | 2ml |

## 조리방법

1. 오렌지 껍질을 벗겨 과육을 사각형 모양으로 잘라 준비한다.
2. 오이는 씨를 제거하고 오렌지 크기와 비슷하게 사각형으로 자른다.
3. 브로콜리는 끓는 물에 데친다.
4. 바질 잎은 곱게 다져 올리브오일, 소금, 후추, 식초, 알룰로스를 넣어 드레싱을 만든다.
5. 바질 드레싱에 오렌지, 오이, 파프리카, 브로콜리를 넣고 버무려 요리를 완성한다.

### 콥 샐러드(Cobb salad)

주방에서 영업 후 남은 식재료를 잘게 썰어 (또는 주사위 모양) 드레싱에 무쳐 만든 샐러드로 보통의 콥 샐러드는 달걀, 양배추, 토마토, 채소 등을 넣어 만든 샐러드를 지칭한다.

### Sauce & Cooking Tip

바질 잎의 샐러드 드레싱 활용도는 높은 편이다. 바질의 은은한 향은 요리를 더욱 고급스럽게 해주며 깊은 맛을 내게 해준다.
바질 페스토도 만들어 놓으면 샐러드 드레싱으로 손쉽게 활용할 수 있다.

| 조리 난이도 | 조리시간 | 1인분 |
|---|---|---|
| 중 | 30분 | 120g 전후 |

# 지중해풍의 슈퍼 샐러드

적양파는 혈액 순환을 도와 고혈압, 동맥 경화 등 성인병 예방에 효과적이다. 혈관 벽의 손상을 막고 건강에 나쁜 콜레스테롤(LDL) 농도를 낮추는 퀘르세틴(quercetin) 성분이 풍부하다.

적양파에 들어 있는 유화아릴 성분은 혈관을 확장하고 체온을 올려 뇌졸중을 예방하고 면역력을 높여준다. 또한, 유해 물질을 흡착해 몸속을 깨끗하게 해주며 지방 분해를 도와 비만 예방에도 효과적이다.

## 재료

| | |
|---|---|
| 병아리콩 | 30g |
| 방울양배추 | 30g |
| 파프리카 | 5g |
| 적양파 | 5g |
| 브로콜리 | 10g |
| 콜리플라워 | 10g |
| 올리브유 | 10ml |
| 발사믹 식초 | 5ml |
| 소금 | 조금 |
| 후추 | 조금 |
| 알룰로스 | 3ml |

## 조리방법

1. 방울양배추는 1/2 또는 1/4로 잘라 병아리콩과 함께 찜 솥에 찐 후 차게 식혀 둔다.
2. 브로콜리, 콜리플라워도 찜 솥에 쪄서 준비한다.
3. 파프리카, 적양파는 가로, 세로 1cm 크기로 잘라 준비한다.
4. 준비된 **1**, **2**, **3**을 모두 섞은 후 올리브유, 소금, 후추, 발사믹 식초, 알룰로스와 섞어 요리를 완성한다.

### Sauce & Cooking Tip

지중해풍 요리의 핵심은 올리브, 토마토, 비네거오일 등 학문적으로 검증된 식재료를 주원료로 사용하며 거기에 밀 등이 풍부하게 재배되어 파스타, 피자 등 밀가루가 들어간 음식이 빠질 수 없다.

기본적으로 담백하고 달지 않게 요리하며 새콤한 해산물 요리인 카르파쵸 등도 발달되어 있다. 여기서 접목할 수 있는 부분은 각종 엽채류 채소를 먹기 좋은 크기로 잘라 렌틸콩, 치아시드, 병아리콩 등에 올리브유를 넣어 버무려 요리를 하면 건강한 지중해풍의 샐러드 요리를 맛볼 수 있다.

샐러드

조리 난이도 **중**
조리시간 **20분**
1인분 **120g 전후**

# 캐슈너트 소스 토마토 샐러드

캐슈너트는 신체에 중요한 영양소인 아연이 많이 포함되어 육모 효과와 탈모 예방에 효과가 있다. 또한, 아미노산, 비타민, 미네랄 등의 영양분이 높아 머리카락의 성장에 도움을 준다. 견과류라고 하면 딱딱하고 느끼해 두피에 좋지 않을 것 같지만 견과류는 두피에 도움이 되는 영양소를 많이 함유하고 있다.

## 재료

| | |
|---|---|
| 토마토 | 80g |
| 오이 | 10g |
| 적양파 | 5g |

**스위트 너트 드레싱**

| | |
|---|---|
| 캐슈너트 | 15g |
| 올리브오일 | 10ml |
| 소금 | 조금 |
| 후추 | 조금 |
| 알룰로스(단맛) | 3ml |
| 레몬(Whole) | 10g |
| 파인애플 | 5g |

## 조리방법

1. 토마토는 편 썰어 준비한다.
2. 오이는 모양대로 슬라이스하여 준비한다.
3. 적양파도 슬라이스한 후 물에 담가 매운맛을 없앤다.
4. 토마토, 오이, 적양파를 캐슈너트 소스와 함께 버무려 요리를 완성한다.

**스위트 너트 드레싱(Sweet Nut Dressing)**

레몬, 파인애플은 손질하여 준비한 후 캐슈너트, 레몬, 파인애플 등을 믹서기에 생수와 함께 갈고, 후추, 소금, 알룰로스 등을 넣어 드레싱을 완성한다. 슈퍼 푸드인 렌틸콩, 병아리콩, 햄프씨드 등을 넣으면 좀 더 건강한 음식으로 먹을 수 있다.

### Sauce & Cooking Tip

캐슈너트를 이용하여 다양한 샐러드와 드레싱, 소스를 만들 수 있으며 고소한 맛이 일품이다. 간장을 넣어 소스를 만들면 감칠맛과 함께 고소한 맛이 더해 샐러드, 생선요리, 육류요리 어디에도 어울린다.
오리엔탈 드레싱에 믹서기에 갈은 캐슈너트만 넣으면 되는데 이때 신맛은 레몬, 단맛은 파인애플로 맛을 내면 상큼한 맛이 더해진다.

| 조리 난이도 | 조리시간 | 1인분 |
|---|---|---|
| 하 | 20분 | 120g 전후 |

샐러드

# 통밀 푸실리 샐러드

바질에 다량으로 함유되어 있는 베타카로틴은 면역력을 높여줄 뿐만 아니라 노화를 방지하는 항산화 작용을 활발하게 만들어 준다. 또한 바질에는 혈관과 수많은 신체 구조를 감싼 세포를 보호해주는 비타민 A가 들어 있어 혈액 내의 콜레스테롤의 산화를 방지하여 죽상 동맥경화증이나 뇌졸증 및 심장 발작을 사전에 예방해주기도 한다.

## 재료

| 재료 | 분량 |
|---|---|
| 통밀 푸실리 | 30g |
| 방울토마토 | 10g |
| 메추리알 | 10g |
| 파프리카 | 5g |
| 적양파 | 3g |
| 바질 잎 | 조금 |
| 잣 | 조금 |
| 올리브오일 | 20ml |
| 소금 | 조금 |
| 알룰로스 | 5ml |
| 후추 | 조금 |

## 조리방법

1. 통밀 푸실리는 끓는 물에 약 10분간 삶는다.
2. 바질 잎, 잣, 올리브오일 등을 섞어 믹서기에 곱게 갈은 후 소금, 후추를 넣어 바질 페스토를 준비한다.
3. 메추리알은 4등분, 적양파는 가로, 세로 1cm, 방울토마토는 4등분하여 준비한다.
4. 삶은 푸실리와 메추리알, 방울토마토를 바질 페스토로 버무려 조리한 후 접시에 보기 좋게 담아 요리를 완성한다.

### Sauce & Cooking Tip

푸실리, 펜네는 파스타 면의 한 종류로 이탈리아 음식이다. 주원료가 밀가루인 만큼 알러지 또는 소화가 되지 않는 이는 삼가는 게 좋다. 다만 면 요리를 좋아한다면 통밀가루로 만든 파스타 종류가 좋을 듯하다.
최근 들어 지중해풍 요리와 함께 이탈리아 레스토랑 등에서 다양한 파스타와 스파게티 요리를 선보이고 있다.

조리 난이도 중 | 조리시간 20분 | 1인분 120g 전후

샐러드

# 호두 드레싱으로 맛을 낸 새우 샐러드

호두의 지방은 불포화 지방산(오메가-3)이 대부분이며 혈관 내 콜레스테롤의 영향으로 혈전이 생기는 것을 막아준다. 즉, 혈중 콜레스테롤의 양을 감소시키는 필수지방산이 많아 동맥경화, 고혈압 등 각종 성인병을 예방하는데 도움을 준다. 호두의 약성을 살펴보면 기관지 천식뿐만 아니라 자궁출혈, 타박상, 오줌소태, 위산과다, 뾰루지, 피부염 등에 두루 쓰였다. 특히 신장이 허하여 허리가 아프거나 다리가 연약한 몸은 물론 암 환자나 노인성 변비에 효과가 좋다.

## 재료

| | |
|---|---|
| 새우 | 30미 |
| 브로콜리 | 20g |
| 적양파 | 10g |
| 파프리카 | 20g |
| 렌틸콩 | 10g |
| 오이 | 10g |

**호두 드레싱**

| | |
|---|---|
| 호두 | 15g |
| 두부 | 15g |
| 올리브오일 | 10ml |
| 두유 | 20ml |
| 소금 | 조금 |
| 알룰로스 | 3ml |
| 2배 식초 | 2ml |

## 조리방법

1. 새우는 30미로 냉동된 제품을 구입하여 껍질을 제거 후 끓는 물에 데쳐 준비한다.
2. 브로콜리는 먹기 좋은 크기로 손질해 끓는 물에 데친다.
3. 파프리카, 적양파, 오이는 먹기 좋은 크기로 잘라 준비한다.
4. 렌틸콩은 미리 물에 불렸다가 끓는 물에 삶는다.

### 호두 드레싱(walnut Dressing)

두부는 작게 사각형으로 썰어 준비한 후 팬에 카놀라유를 두르고 두부<호두 순으로 볶은 후 믹서기에 두유를 넣어 곱게 간다. 갈은 호두와 두부에 소금, 올리브오일, 식초 알룰로스 등을 넣어 맛을 낸다.

### Sauce & Cooking Tip

호두 드레싱은 건강한 느낌의 마요네즈 맛이다. 마요네즈는 날달걀로 만들기에 혹시 익힌 음식 또는 비건 드레싱을 원한다면 호두 드레싱이 최고의 고소함을 줄 것이다. 또한 믹서기에 갈 때 레몬을 함께 갈면 더욱 상큼한 맛을 느낄 수 있다.

조리 난이도
중
조리시간
30분
1인분
120g 전후

무침 볶음

# 건 도토리묵 냉채

도토리묵은 떫은맛이 나는데 이는 타닌이라는 성분이 들어 있기 때문이다. 타닌은 폴리페놀의 일종으로, 항산화 작용, 중성지방 분해, 탄 음식에서 발생하는 발암물질 억제, 모공수축 등의 작용을 한다.
특히 도토리묵은 심한 설사를 멎게 하는데도 도움이 된다고 알려져 있으며, 이 효능 또한 타닌 성분으로 인한 것이다.

## 재료

| | |
|---|---|
| 건 도토리묵 | 10g |
| 오이 | 10g |
| 파프리카 | 5g |
| 적양파 | 5g |
| 토마토 | 10g |
| 2배 식초 | 3ml |
| 간장 | 5ml |
| 알룰로스(단맛) | 3ml |
| 통깨 | 조금 |
| 참기름 | 조금 |

## 조리방법

1. 건 도토리묵은 요리하기 전 미리 물에 담가 불린 후 끓는 물에 데쳐 사용한다.
2. 오이는 씨를 제거하고 도토리묵과 비슷한 크기로 얇게 잘라 준비한다.
3. 적양파, 파프리카는 슬라이스하고 토마토는 8등분하여 준비한다.
4. 믹싱볼에 식초, 간장, 알룰로스, 통깨, 참기름을 넣어 양념을 만든 다음 불린 도토리묵과 양파, 오이, 파프리카를 모두 넣어 함께 버무린다.
5. 남은 양념 소스에 토마토도 가볍게 버무려 접시에 담은 도토리묵 위에 보기 좋게 올려 요리를 완성한다.

### Sauce & Cooking Tip

건 도토리묵은 양념에 버무려 무쳐 먹을 수도 있지만 뜨거운 육수를 부어 추운 겨울에 먹어도 맛이 일품이다. 도토리묵과 건 도토리묵의 차이점은 식감이다. 도토리묵은 부드러운 목 넘김으로 부담 없이 먹을 수 있는 반면 건 도토리묵은 불리고 데치는 것을 조절하여 쫄깃한 식감을 맛볼 수 있다. 이러한 식감의 요리는 그리 흔치 않는데 건 도토리묵만의 매력이 아닌가 싶다.
전반적인 맛은 새콤달콤하지만 환자나 노인이 먹는다는 점을 생각하면 맛은 자극적이지 않게 요리하는 것이 중요하다.

# 매운 감자 볶음

조리 난이도 **중**
조리시간 **20분**
1인분 **120g 전후**

무침 볶음

감자에는 비타민 B 복합체의 일종인 판토텐산이 풍부하다. 비타민 C와 판토텐산은 점막을 강화하는 작용을 해 위암 · 폐암 · 자궁암 같은 점막에 생기는 암(한국인에게 흔한 암이기도 하다)의 예방에 큰 힘을 발휘한다. 세포의 돌연변이를 막아 암을 예방하는 클로로겐산과 활성 산소를 중화해 항암작용을 돕는 항산화 성분이 풍부하다. 또한 혈액순환, 혈압개선, 위 통증 등에도 효과가 좋다.

### 재료

| 재료 | 분량 |
|---|---|
| 감자 | 100g |
| 쪽파 | 3g |
| 고춧가루 | 10g |
| 고추장 | 10g |
| 마늘 | 5g |
| 카놀라유 | 20ml |
| 맛술 | 10ml |
| 참기름 | 3ml |
| 알룰로스 | 5ml |
| 후추 | 조금 |

### 조리방법

1. 감자는 반달모양으로 자른 후 소금물에 담가 살짝 절인다.
2. 쪽파는 곱게 다져 놓는다.
3. 팬에 카놀라유를 두르고 다진 마늘을 볶다 고추장<고춧가루<맛술<참기름<알룰로스<후추 순으로 넣어 매운 고추장 양념을 만든다.
4. 소금에 절인 감자는 달구어진 팬에 카놀라유를 두르고 중불에서 천천히 볶아 충분히 익힌 후 고추장 소스를 넣어 매운 감자볶음을 완성한다

### Sauce & Cooking Tip

감자요리를 하다 보면 감자가 으깨어져 의도한 대로 안 되는 경우가 있다. 이때는 감자를 소금에 절이거나 오븐 등에 미리 익혀서 조리를 하면 감자가 으깨지는 걸 방지할 수 있다. 또한 중불에서 천천히 팬 프라이하듯 먼저 감자를 충분히 익힌 후 미리 준비한 양념에 버무려 요리를 완성해도 훌륭한 감자요리가 된다.
맵지 않게 간장으로 요리할 수 있지만 고추장을 넣어 요리해도 색다른 매콤한 감자요리가 될 것이다.

| 조리 난이도 | 조리시간 | 1인분 |
|---|---|---|
| 하 | 20분 | 120g 전후 |

# 부추 밤 무침

밤에 함유되어 있는 과당은 위장 기능을 튼튼하게 해주는 효능이 있으며 설사나 배탈에 군밤을 섭취하면 몸을 따뜻하게 해주어 도움을 준다. 또한 노인이나 어린이가 밤을 꾸준히 먹으면 다리에 힘이 길러지며 근력을 회복시켜 줄 뿐 아니라 갱년기 이후의 정력 보강에도 도움을 준다.
비타민 B1은 일반 쌀의 네 배가 들어 있어 피부에 탄력과 윤기를 주며 부드러운 머릿결을 만드는데도 효능이 있다.

## 재료

| | |
|---|---|
| 밤 | 30g |
| 오이 | 30g |
| 부추 | 30g |
| 고춧가루 | 5g |
| 참치액젓 | 4ml |
| 맛술 | 2ml |
| 마늘 | 2g |
| 통깨 | 조금 |
| 후추 | 조금 |
| 참기름 | 2ml |

## 조리방법

1. 밤은 슬라이스하여 준비한다.
2. 오이는 씨를 제거한 후 밤 크기와 비슷하게 슬라이스하여 준비한다.
3. 부추는 4~5cm 크기로 잘라 준비한다.
4. 마늘은 곱게 다진다.
5. 위 모든 재료를 혼합하여 참치액젓, 후추, 고춧가루, 맛술, 참기름을 넣어 요리를 완성한다.

### Sauce & Cooking Tip

마늘은 요리할 때 감초 같은 역할을 하는 만큼 시판용 다진 마늘보다는 불편해도 가급적 통마늘을 직접 다져 쓰는 것이 음식의 완성도를 높이고 맛도 좋다. 소금, 간장, 된장, 고추장, 액젓류 등으로 간을 할 때는 본인만의 노하우를 살려 해산물, 생선요리에는 간장으로, 나물류를 무칠 때는 담백하게 소금으로 간을 하는 등 본인만의 맛에 대한 정의를 가질 필요가 있다.

# 부추 양송이버섯 무침

| 조리 난이도 | 조리시간 | 1인분 |
|---|---|---|
| 하 | 20분 | 120g 전후 |

무침 볶음

부추에는 베타카로틴이란 성분이 있어 세포의 산화를 예방해주는 효과가 있다. 활성산소가 생기지 않게 억제해 주기 때문에 항암작용에도 효과가 있으며, 정력 강화에도 효능이 있다. 문헌을 보면 "양기초"라고도 하는데 이는 부추를 먹으면 강장효과가 커 양기에 좋다는 뜻이다. 비뇨과의 약재로 쓰이며 혈액정화와 강심제로도 쓰인다. 여성에게는 배를 따뜻하게 해주어 생리통을 줄여주고 신진대사가 원활히 유지되도록 도와준다.

## 재료

| | |
|---|---|
| 양송이버섯 | 40g |
| 부추 | 20g |
| 브로콜리 | 20g |
| 파프리카 | 20g |
| 올리브유 | 3g |
| 소금 | 조금 |
| 후추 | 조금 |
| 카놀라유 | 10ml |

## 조리방법

**1.** 브로콜리는 먹기 좋은 크기로 자른 후 찜 솥에 쪄서 준비한다.

**2.** 양송이버섯은 크기에 따라 2등분 또는 4등분하고 파프리카는 가로, 세로 약2cm 크기로 자른다.

**3.** 부추도 4~5cm 길이로 잘라 준비한다.

**4.** 양송이버섯은 카놀라유를 두른 팬에 소금, 후추를 넣어 볶는다.

**5.** **1**, **2**, **3**, **4**의 모든 재료를 섞은 다음 올리브유, 소금, 후추를 가미하여 요리를 완성한다.

### Sauce & Cooking Tip

브로콜리, 양송이버섯 등을 주재료로 한 요리는 얼마든지 응용이 가능하다. 여기 소개하는 요리뿐 아니라 제철에 나는 식재료도 가능하고 해산물, 육류 등을 응용한 요리에도 좋다. 특히 버섯이 들어가는 요리는 암 환자에게 좋으므로 다양하게 개발하여 지속적으로 제공하면 환자의 건강에도 도움이 될 것이다.

조리 난이도 **하**
조리시간 **20분**
1인분 **120g 전후**

무침
볶음

# 알배기배추 겉절이

배추에 함유되어 있는 글루코시놀레이트와 시니그린은 대장암과 위암 등 각종 암 예방에 뛰어난 효과가 있다고 알려져 있다. 또한 알릴 이소티오시아라는 성분은 대장에 있는 염증을 완화해 주며, 평소 배추를 꾸준히 섭취하면 장 건강을 도와줄 뿐만 아니라 대장 질환들을 예방할 수 있다.

## 재료

| | |
|---|---|
| 알배기배추 | 70g |
| 쪽파 | 20g |
| 홍고추 | 5g |
| 오이 | 30g |
| 마늘 | 2g |
| 참치액젓 | 3ml |
| 맛술 | 2ml |
| 후추 | 조금 |
| 2배 식초 | 2ml |
| 알룰로스 | 3ml |

## 조리방법

**1.** 알배기배추는 먹기 좋은 크기로 자른다.

**2.** 쪽파, 홍고추, 오이도 먹기 좋은 크기로 자른다.

**3.** 마늘은 다져 준비하고 **1**, **2**의 재료를 모두 섞은 후 참치액젓, 맛술, 식초, 알룰로스, 후추를 넣어 요리를 완성한다.

### Sauce & Cooking Tip

겉절이는 입맛을 잃었을 때 식초 등으로 산뜻하게 맛을 내어 요리하면 특별한 맛을 느낄 수 있다. 여기에 밤, 대추, 부추 등을 넣어도 좋고 맛을 내는 간은 참치액젓이 의외로 잘 어울린다. 특히 김장을 하기 전 가을 또는 김장 김치가 짜서 먹기 불편할 때 중간 중간에 해 먹으면 별미이다.

| 조리 난이도 | 조리시간 | 1인분 |
|---|---|---|
| 중 | 20분 | 120g 전후 |

# 양념된장으로 무친 오이고추

오이고추에 함유된 베타카로틴 성분은 항암효과가 뛰어난 영양소이다. 알반 고추에 비해 매운맛이 덜 하지만 캡사이신 성분은 다량 함유되어 몸에 열을 내고 지방을 태워 다이어트와 스트레스 해소에 좋은 식재료이다. 또한 장운동을 촉진하여 소화가 잘되도록 하며 혈액순환을 도와 혈전과 성인병 예방에도 효과가 뛰어나다.

## 재료

| 재료 | 분량 |
|---|---|
| 오이고추 | 60g |
| 양파 | 10g |
| 파프리카 | 20g |
| 된장 | 20g |
| 마늘 | 5g |
| 고추장 | 5g |
| 참기름 | 5ml |
| 맛술 | 3ml |
| 통깨 | 조금 |
| 후추 | 조금 |
| 카놀라유 | 10ml |
| 두부 | 5g |

## 조리방법

1. 오이고추는 흐르는 물에 깨끗이 씻은 후 먹기 좋은 크기로 자르고, 양파, 파프리카도 자른 오이고추 크기로 잘라 준비한다.
2. 마늘은 곱게 다져 준비한다.
3. 두부는 곱게 으깨어 준비한다.
4. 팬에 카놀라유를 두르고 마늘을 볶다 된장<고추장<두부<맛술<참기름<통깨<후추 순으로 양념을 넣어 양념된장을 만든다.
5. 볶은 양념된장을 식힌 후 오이고추, 파프리카, 양파를 넣고 버무려 요리를 완성한다.

### Sauce & Cooking Tip

양념된장은 오이고추를 버무리지 않고 찍어 먹어도 좋은 메뉴이다. 오이고추 말고도 양배추, 양파, 파프리카, 오이, 상추, 치커리 등 다양한 신선한 채소와 함께 먹을 수 있다.
또한 좀 더 매운맛을 원한다면 청양고추를 곱게 다져 양념된장에 넣어 요리를 하면 한결 매운 양념된장 맛을 느낄 수 있다.

조리 난이도 하 | 조리시간 20분 | 1인분 120g 전후

무침 볶음

# 양배추 파프리카 잡채

양배추에 함유된 설포라판 성분과 인돌-3-카비눌 성분은 항산화에 강한 효과가 있어 소화기관뿐만 아니라 암 예방에 도움을 주는 것으로 알려져 있다. 또한 비타민 K와 비타민 U가 많아 위의 재생을 도와주고 십이지장궤양, 역류성 식도염, 위염 등에 탁월한 효과가 있다. 더불어 피부미용, 노화예방, 뼈 건강에도 도움을 준다.

## 재료

| | |
|---|---|
| 양배추 | 60g |
| 파프리카 | 20g |
| 목이버섯 | 10g |
| 양파 | 10g |
| 닭가슴살 | 20g |
| 카놀라유 | 20ml |
| 참기름 | 5ml |
| 간장 | 3ml |
| 맛술 | 조금 |
| 후추 | 조금 |
| 마늘 | 3g |

## 조리방법

1. 양배추는 굵게 채 썰고 파프리카와 양파도 슬라이스 하여 준비한다.
2. 목이버섯은 뜨거운 물에 살짝 데친 후 양배추 굵기로 썰어 준비한다.
3. 닭가슴살은 반으로 자른 후 끓는 물에 약 3분간 삶아 식힌 후 썰은 양배추 크기와 비슷하게 자른다.
4. 팬에 카놀라유를 두르고 준비한 재료들을 각각 따로 볶은 후 식힌 다음 간장, 맛술, 마늘, 후추, 참기름을 가미하여 요리를 완성한다.

## Sauce & Cooking Tip

양배추는 3월에서 5월인 봄과 겨울인 1월에서 3월 사이가 제철이다. 손으로 들었을 때 묵직하고 잎이 단단하게 싸여있는 것을 고르는 것이 좋고, 잘라져 있는 것을 고를 때는 단면의 색이 변하지 않은 것을 골라야 한다. 양배추에 함유되어 있는 비타민 C와 비타민 U는 물에 잘 녹고 약하니 익히지 않고 샐러드나 날로 먹는 게 가장 좋다. 여기 소개하는 잡채는 당면이 들어가지 않은 잡채로 건강을 생각한 요리이다.

# 애호박 볶음

| 조리 난이도 | 조리시간 | 1인분 |
|---|---|---|
| 상 | 40분 | 120g 전후 |

무침 볶음

호박에는 베타카로틴이 풍부해서 면역력을 향상시켜 감기나 암 등 여러 질병을 예방할 수 있다. 당질이 많아 소화흡수가 잘되며, 산후에 붓기가 빠지지 않는 산모나 평소에 몸이 잘 붓는 사람이 호박을 꾸준히 먹으면 부기 제거에도 큰 도움이 된다.

## 재료

| 재료 | 분량 |
|---|---|
| 애호박 | 80g |
| 쪽파 | 3g |
| 양파 | 5g |
| 마늘 | 3g |
| 홍고추 | 3g |
| 새우젓 | 조금 |
| 후추 | 조금 |
| 참기름 | 3ml |
| 카놀라유 | 15ml |
| 고춧가루 | 10g |

## 조리방법

1. 애호박은 반달 모양으로 잘라 준비한다.
2. 마늘, 양파, 쪽파는 다져 준비한다.
3. 카놀라유를 두른 팬에 마늘, 고춧가루를 넣어 볶아주고 애호박, 양파를 새우젓, 후추로 양념하여 볶는다.
4. 접시에 담을 때 다진 쪽파를 올려 요리를 완성한다.

### Sauce & Cooking Tip

새우젓으로 양념한 호박 볶음은 담백하면서 맛이 좋다. 좀 더 매운 것을 원하면 청양고추를 넣고 고춧가루만 넣어도 맛있는 호박 볶음을 만들 수 있다. 여름 제철에 나는 호박을 비롯해 가지, 노각 등과 같이 만들면 더욱 훌륭한 요리가 될 것이다.

조리 난이도 중 | 조리시간 30분 | 1인분 120g 전후

# 오이 양파 잡채

덥고 매운 성질이 있는 쪽파의 뿌리 부분을 달여서 먹으면 몸이 따뜻해지면서 기운을 돌게 해 감기나 오한 등의 증세에 도움이 된다. 또한 섬유질은 장 운동을 활발하게 만들어 변비를 해소하는 효능도 있으며 비타민 C와 비타민 A가 풍부하여 피부 건강에도 좋다.

## 재료

| 재료 | 분량 |
|---|---|
| 오이 | 30g |
| 양파 | 10g |
| 파프리카 | 30g |
| 쪽파 | 10g |
| 다진 닭고기 | 20g |
| 마늘 | 5g |
| 참기름 | 5ml |
| 카놀라유 | 15ml |
| 간장 | 10ml |
| 후추 | 조금 |
| 맛술 | 2ml |

## 조리방법

1. 오이는 씨를 뺀 상태에서 도톰하게 채 썰어(가로, 세로 0.5cm 정도) 준비한다.
2. 양파는 슬라이스하고, 파프리카는 채 썰고, 쪽파는 길이대로 길게 잘라 준비한다.
3. 마늘은 다진 후 카놀라유를 두른 팬에 먼저 볶아주다 다진 닭고기와 간장, 후추를 넣어 볶는다.
4. 카놀라유를 두른 팬에 파프리카<오이<양파<쪽파 순으로 볶아주다가 간장, 맛술, 후추로 양념하여 조리한다.
5. **1**, **4**의 재료를 혼합하여 최종적으로 간을 보고 싱거우면 간장을 더 넣고 참기름으로 버무려 요리를 완성한다.

### Sauce & Cooking Tip

볶음 요리를 할 때 필요한 재료를 한꺼번에 넣어 볶으면 재료들의 특성상 열전도율이 달라 익는 정도도 제각각인 경우가 생긴다. 일반적인 음식의 요리라면 괜찮겠지만 면역음식(건강음식)의 경우는 재료들이 충분히 익어야 환자가 먹을 수 있다는 것을 염두에 두어야 한다. 또한 요리하는 온도가 너무 세지 않게 불 조절에도 신경 써야 한다.

| 조리 난이도 | 조리시간 | 1인분 |
|---|---|---|
| 하 | 30분 | 120g 전후 |

두부

# 고추장 소스로 맛을 낸 두부구이

브로콜리에 함유된 설포라펜과 인돌 화합물은 항암작용을 한다. 인돌은 에스트로겐에 민감하게 반응하는 유방암 세포의 성장 및 전이를 억제하는 효과가 있다. 또한 브로콜리는 비타민 C가 풍부해 칼슘의 흡수를 촉진하여 뼈의 건강을 돕는 역할을 한다. 인체에 꼭 필요한 면역 반응에 없어서는 안 되는 항산화제인 비타민 C가 브로콜리 100g에 114㎎ 들어 있어 레몬보다 두 배나 많아 골다공증 예방은 물론 해독작용을 도와주는 효능이 있다.

## 재료

| | |
|---|---|
| 두부 | 80g |
| 브로콜리 | 20g |
| 적양파 | 5g |

**고추장 소스**

| | |
|---|---|
| 고추장 | 10g |
| 카놀라유 | 20ml |
| 후추 | 조금 |
| 맛술 | 3ml |
| 참기름 | 조금 |
| 고춧가루 | 10g |
| 마늘 | 3g |

## 조리방법

1. 두부는 가로, 세로 2cm로 자른 후 오븐에 140도로 20분간 구운 다음 팬에 카놀라유를 두르고 볶아준다.
2. 브로콜리는 끓는 물에 데쳐 준비한다.
3. 적양파는 가로, 세로 0.5cm 크기로 잘라 준비한다.
4. 1에 볶은 두부에 고추장 소스를 넣고 버무려 요리를 완성한다.

### 고추장 소스(Sauce)

약불에서 팬에 카놀라유를 두르고 다진 마늘을 넣어 볶다 고추장<고춧가루<맛술<참기름 순으로 양념을 넣어 만든다.(되직한 농도가 나면 된다)
음식을 짜지 않게 하기 위해 두부와 양파를 요리할 때에는 소금 등으로 음식의 간을 하지 않는다.

### Sauce & Cooking Tip

매콤하면서 두부의 고소함이 느껴지는 요리이다. 보통은 조림을 하거나 두부를 기름에 부친 후 양념장을 올려주는데 이번에는 식재료 본연의 식감과 질감을 살려주기 위해 각각의 요리를 준비한 후 서로 섞어 완성하는 형태로 했다. 면역음식, 볶음 요리의 경우 이렇게 요리한다.
두부를 구운 후 팬에 볶아주는 과정 중 약간의 소금을 넣어 밑간을 할 수 있지만 고추장에 있는 짠맛이면 충분하기에 별도로 다른 간은 하지 않는다.

| 조리 난이도 | 조리시간 | 1인분 |
| --- | --- | --- |
| 하 | 20분 | 120g 전후 |

# 닭고기 살을 올린 찐 두부

표고버섯에는 레티난이라는 항암물질을 함유해 제암 효과가 크며, 장을 맑고 튼튼하게 하고 혈액순환을 촉진시킨다. 진정작용과 간질환, 심장기능 강화, 동맥경화 및 콜레스테롤이나 고혈압의 수치를 내리는 효과가 있어 기름을 사용하는 요리나 육류요리에 표고버섯을 곁들이면 좋다.

## 재료

| 재료 | 분량 |
| --- | --- |
| 두부 | 70g |
| 닭고기 | 20g |
| 표고버섯 | 10g |
| 쪽파 | 3g |
| 마늘 | 3g |
| 그린 빈 | 5g |
| 간장 | 5ml |
| 맛술 | 3ml |
| 후추 | 조금 |
| 카놀라유 | 10ml |

## 조리방법

1. 두부는 가로, 세로 4cm 크기로 자른 후 찜 솥에 쪄서 준비한다.
2. 닭고기, 표고버섯, 마늘은 다지고, 그린 빈과 쪽파는 슬라이스하여 준비한다.
3. 팬에 카놀라유를 두르고 마늘을 먼저 볶은 다음 다진 닭고기<그린 빈<표고버섯<쪽파 순으로 넣고 간장, 맛술, 후추를 가미한다.
4. 접시에 찐 두부를 놓고 위에 볶은 **3**의 재료를 보기 좋게 올려 요리를 완성한다.

### Sauce & Cooking Tip

두부요리는 다양하다. 이번에 소개하는 두부요리는 쪄서 하는 요리이고 두부에 간을 하지 않기 때문에 닭고기, 표고버섯 등을 볶을 때 전체적인 맛을 고려하여 간을 한다.
두부 위에는 비단 위 재료뿐만 아니라 김치, 돼지고기, 기타 여러 식재료를 사용할 수 있으니 요리할 때 창의적인 연구를 하여 접목하는 것도 좋다.

| 조리 난이도 | 조리시간 | 1인분 |
|---|---|---|
| 중 | 30분 | 120g 전후 |

두부

# 된장 소스와 연두부 찜

미역의 뿌리는 천식과 기침을 가라앉히는 작용을 하며, 혈압을 낮추는 강압작용도 한다. 미역에 들어 있는 여러 성분(아미노산, 비타민, 미네랄)들은 암세포가 성장하지 못하도록 억제하는 항암효과 기능이 있다는 연구결과가 있으며, 장의 운동을 활발하게 해주어 직장암을 예방해주기도 한다. 또한 미역에 들어 있는 점질물과 다당류는 콜레스테롤이나 공해 성분인 중금속과 농약의 피해를 덜어주는 효과가 있다.

## 재료

| | |
|---|---|
| 연두부 | 100g 전후 1개 |
| 미역 | 20g |
| 오이 | 10g |
| 참기름 | 2ml |
| 간장 | 2ml |
| 맛술/2배 식초 | 1ml |

### 된장 소스

| | |
|---|---|
| 된장 | 20g |
| 표고버섯 | 5g |
| 양파 | 3g |
| 마늘 | 1g |
| 고추장 | 3g |
| 맛술 | 3ml |
| 참기름 | 2ml |

## 조리방법

1. 연 두부는 끓는 물에 쪄서 준비한다.
2. 미역은 물에 불려 먹기 좋은 크기로 자르고 참기름, 간장, 식초, 맛술로 양념한다.
3. 오이는 돌려깍기로 잘라 준비한다.
4. 접시에 물기를 제거한 연두부를 올리고 준비된 된장 소스<무친 미역<오이 순으로 올려 요리를 완성한다.

**된장 소스**

표고버섯, 마늘, 양파는 입자가 보이게 다지고 카놀라유를 두른 팬에 볶아주다 된장고추장<맛술<참기름 순으로 넣어 완성한다.

### Sauce & Cooking Tip

두부는 면역음식을 만들 때 뺄 수 없는 식재료이다. 두부는 일반적인 묵 형태의 두부와 순두부, 연두부 등 요리의 형태에 따라 그 쓰임새가 다르다. 연두부는 손쉽게 먹기 좋은 요리를 할 수 있는 대표적인 두부로 일반 식당에 가도 밑반찬으로 자주 나온다. 보편적인 음식은 검증을 마쳤기에 무난할 수 있겠지만 반면 식상할 수 있다는 것도 알아야 한다. 면역음식을 제공하는 조리사 혹은 만드는 이는 음식 철학이 있어야 한다고 생각한다.

# 두부 껍질콩(그린 빈) 볶음

조리 난이도 **하**
조리시간 **20분**
1인분 **120g 전후**

두부

카놀라유는 오메가-3 지방산의 한 종류인 알파 리놀레닉산이 풍부하며 발연점이 높아 튀김, 부침, 볶음, 무침 등의 요리에 주로 사용하고 마가린, 마요네즈, 샐러드 드레싱 요리에도 이용한다.
혈중 콜레스테롤 수치를 높이는 포화지방산이 식용유 중 가장 낮고 올레인산 함량도 60%로 높아 심장병, 암, 당뇨병, 고혈압의 위험성을 줄인다는 연구결과가 보고되어 있다.

### 재료

| | |
|---|---|
| 두부 | 70g |
| 껍질콩(그린 빈) | 40g |
| 카놀라유 | 20ml |
| 소금 | 조금 |
| 후추 | 조금 |

### 조리방법

**1.** 두부는 가로, 세로 2cm 크기로 자른 후 오븐에서 140도로 약 20분간 구어 준비한다.

**2.** 오븐에 구운 두부를 카놀라유를 두른 팬에 소금, 후추를(밑간 정도) 넣고 노릇하게 볶아준다.

**3.** 껍질콩도 손질한 다음 길이 약 1cm로 자른 후 카놀라유를 두른 팬에 소금, 후추를 넣고 볶는다.

**4.** **2**, **3**의 모든 재료를 혼합하여 요리를 완성한다.

### Sauce & Cooking Tip

무척 간단한 요리지만 군더더기 없을 만큼 맛이 깔끔하다. 약간의 단맛을 원한다면 취향에 따라 맛술 또는 소량의 알룰로스를 넣어도 좋지만 담백하게 먹는 것이 좋지 않을까 한다.

# 두부로 속을 채운 토마토 구이

조리 난이도 **상**
조리시간 **40분**
1인분 **120g 전후**

두부

치아시드에 다량 함유된 식물성 오메가3 성분은 콜레스테롤 수치를 감소시키고, 혈행을 개선시켜 혈관건강에 탁월한 효과가 있다. 또한 고혈압이나 동맥경화, 심근경색 등 각종 심혈관질환 예방에도 이롭게 작용한다. 치아시드에 있는 칼륨 성분은 체내 쌓인 나트륨과 노폐물을 외부로 배출해 부종을 완화하는 효과도 있다.

## 재료

| 재료 | 분량 |
|---|---|
| 토마토 | 1개(소) |
| 두부 | 60g |
| 양파 | 10g |
| 표고버섯 | 10g |
| 병아리콩 | 5g |
| 캐슈너트 | 20g |
| 치아시드 | 5g |
| 브로콜리 | 5g |
| 콜리플라워 | 5g |
| 다진 닭고기 살 | 5g |
| 소금 | 조금 |
| 후추 | 조금 |
| 맛술 | 5ml |
| 카놀라유 | 20ml |

## 조리방법

1. 토마토는 꼭지 부분 쪽으로 내용물이 들어가기 좋은 크기로 자른 뒤 속을 파내어 준비한다.(반대편도 접시에 고정되도록 잘라 준다)
2. 두부는 으깨고 양파, 표고버섯은 다져 준비한다.
3. 병아리콩은 끓는 물에 충분히 삶고, 치아시드도 끓는 물에 10분간 삶는다.
4. 콜리플라워, 브로콜리는 끓는 물에 약 2분간 데친다.
5. 팬에 카놀라유를 두르고 **2**의 재료와 다진 닭고기 살과 소금, 후추, 맛술을 넣어 볶는다.
6. **5**의 재료를 토마토 안에 넣고 오븐에서 약 6분간 구운 후 겉껍질은 벗겨 접시에 담는다.
7. 캐슈너트 소스를 토마토 위에 올려주고 브로콜리, 콜리플라워로 가니쉬해 요리를 완성한다.

### Sauce & Cooking Tip

호응이 좋은 메뉴이다. 다소 복잡한 과정이긴 하나 요리 후 반응을 보면 잘했다 싶은 생각이 들며 건강식으로도 손색이 없다. 캐슈너트 소스의 양은 가감하여 맛의 변화를 줄 수도 있다.

| 조리 난이도 |
| --- |
| 상 |
| 조리시간 |
| 40분 |
| 1인분 |
| 120g 전후 |

두부

# 마 소스와 두부 스테이크

껍질콩(그린 빈)에는 활성 산소를 억제하는 산화방지제가 풍부하게 들어 있다. 항산화 성분은 면역력을 높여 질병을 예방하며 껍질콩 속에 있는 식이섬유와 탄수화물 유형은 탄수화물이 천천히 흡수되고 혈중 포도당 수치가 급격하게 떨어지는 것을 방지해준다. 껍질콩을 일주일에 3번 이상 섭취하면 당뇨병 위험을 35%까지 줄일 수 있다.

## 재료

| | |
| --- | --- |
| 두부 | 40g |
| 다진 닭고기 | 20g |
| 토마토 | 20g |
| 마 | 20g |
| 마늘 | 3g |
| 표고버섯 | 10g |
| 껍질콩 | 5g |
| 통밀가루 | 15g |
| 카놀라유 | 20ml |
| 올리브유 | 10ml |
| 소금/후추 | 조금 |
| 감자전분 | 15g |
| 맛술 | 3ml |
| 간장 | 5ml |
| 참기름 | 2ml |
| 달걀 | 1개 |
| 식초 | 1ml |
| 다진 견과류 | 조금 |

## 조리방법

1. 두부는 으깨고 표고버섯, 마늘은 곱게 다진다. 다진 닭고기와 함께 감자전분, 통밀가루, 달걀, 소금, 후추, 참기름으로 두부 스테이크용 반죽을 한다. 카놀라유를 두른 팬에 약불에서 천천히 익힌 후 다시 오븐에서 150도로 약 10분간 익힌다.
2. 토마토는 가로, 세로 1cm로 잘라 오븐에서 140도로 약 20분간 구운 다음 올리브유, 소금, 알룰로스, 식초로 양념하여 준비한다.
3. 마는 믹서기에 곱게 갈고 간장, 맛술, 참기름, 식초, 후추를 넣어 준비한다.
4. 껍질콩은 손질 후 1cm 크기로 자른 후 팬에 소금으로 밑간하여 볶아준다.
5. 접시에 구운 두부 스테이크와 마 소스를 올리고 가니쉬(Garnish)로 구운 토마토, 껍질콩, 다진 견과류를 올려 요리를 완성한다.

### Sauce & Cooking Tip

두부 스테이크는 여러 단백질 요리 중 환자들이 최고로 선호하는 메뉴이다. 만드는 과정이 복잡하지만 두부 반죽을 이용해 요리하다 보면 여러 가지로 응용이 가능하다.

소스로 "마"를 사용하는데 예상 외로 간장 등과 잘 어울려 기름진 음식에 적합한 소스이다.

조리 난이도
하
조리시간
20분
1인분
120g 전후

두부

# 마 소스를 올린 연두부 찜

가다랑어와 같은 등 푸른 생선은 아미노산과 불포화지방산이 풍부하다. 불포화지방산은 콜레스테롤 수치를 낮춰주고 심장질환, 동맥경화, 고혈압 등의 성인병을 예방한다. 뇌 세포 생성과 세포 재생 효과가 뛰어나 치매 예방에도 효능이 있어 많이 먹을수록 건강에 도움을 준다. 또한 칼슘은 나트륨을 몸 밖으로 배출해 혈압을 낮추며, 비타민 A는 야맹증과 감기 예방에 도움을 준다.

## 재료

| | |
|---|---|
| 연두부 | 80g |
| 마 | 20g |
| 말린 가다랑어<br>(가쓰오 부시) | 5g |
| 쪽파 | 5g |
| 간장 | 5ml |
| 후추 | 조금 |
| 참기름 | 3ml |
| 마늘 | 1g |
| 맛술 | 2ml |

## 조리방법

1. 연두부는 소포장 용기로 된 것을 준비해 찜 솥에 쪄서 준비한다.
2. 마는 믹서기에 곱게 갈은 후 참기름, 간장, 다진 마늘, 맛술, 후추를 넣어 "마 소스"를 준비한다.
3. 말린 가다랑어포(가쓰오 부시)는 곱게 자른 것을 준비한다.
4. 접시에 찐 연두부를 올리고 그 위에 마 소스를 올린 다음 가다랑어포와 다진 쪽파를 올려 요리를 완성한다.

### Sauce & Cooking Tip

가다랑어포(가쓰오 부시)는 다양하게 요리에 접목할 수 있다. 주로 국물요리에 많이 사용하는데 끓일 필요는 없고 생수에 말린 가다랑어포를 담가 우린 물을 사용해도 그 맛을 충분히 느낄 수 있다. 달걀찜, 국물요리에 사용하면 좋은 효과를 볼 것이다. 약 1~2시간만 우려도 충분히 맛이 나며 이번 요리처럼 함께 섞어 먹어도 가다랑어포의 감칠맛을 느낄 수 있어 좋은 요리가 된다.

# 볶은 새우를 올린 두부 구이

조리 난이도 중
조리시간 30분
1인분 120g 전후

두부

두부에는 이소플라본이라는 성분이 있어 발암물질의 생성을 억제시키고 강력한 항산화 작용으로 암세포를 사멸시켜 각종 암을 효율적으로 예방해주는 항암효과가 있다. 또한, 이소플라본은 여성호르몬인 에스트로겐과 비슷한 효능이 있어 갱년기 여성의 여성호르몬 부족으로 발생할 수 있는 안면홍조나 우울증, 골다공증, 심혈관질환을 개선하는 효과가 크다.

## 재료

| | |
|---|---|
| 두부 | 60g |
| 새우 | 40g |
| 마늘 | 5g |
| 쪽파 | 5g |
| 카놀라유 | 10ml |
| 맛술 | 3ml |
| 후추 | 조금 |
| 소금 | 조금 |
| 적파프리카 | 조금 |

## 조리방법

1. 두부는 직사각형 모양으로 잘라 소금과 후추를 뿌려주고 오븐에서 140도로 약 10분간 구운 다음 카놀라유를 발라 준비한다.
2. 새우는 꼬리와 껍질을 제거해 찜 솥에 찐 다음 알갱이가 씹힐 정도의 입자로 썰고 카놀라유를 두른 팬에 마늘, 쪽파, 소금, 후추, 맛술을 넣어 볶아준다.
3. 구운 두부 위에 볶은 새우와 적파프리카를 올려 보기 좋게 모양내어 요리를 완성한다.

### Sauce & Cooking Tip

두부로는 많은 요리를 할 수 있다. 으깨어 모양을 변형할 수도 있고 두부 자체로 조림, 구이도 가능하다. 또한 영양 가치가 높은 단백질이기에 노인과 건강식을 필요로 하는 이들에게는 더할 나위 없이 좋은 식재료이다.

# 부추 두부 볶음

조리 난이도 중
조리시간 20분
1인분 120g 전후

두부

흑임자는 몸의 혈액순환을 도와주고 신장 기능을 강화시켜 새치나 탈모를 예방해준다. 또한 콜레스테롤 수치를 저하시키고 백내장이나 피로해소를 도와 혈액순환을 원활하게 하고 신진대사 역시 활발하게 해준다. 안토시아닌 성분은 암을 예방하고 동맥경화나 혈관질환에 좋은 효능이 있다.

## 재료

| 재료 | 분량 |
|---|---|
| 두부 | 60g |
| 부추 | 20g |
| 파프리카 | 10g |
| 카놀라유 | 15g |
| 진간장 | 5g |
| 흑임자 가루 | 조금 |
| 맛술 | 3ml |
| 후추 | 조금 |
| 소금 | 조금 |

## 조리방법

1. 두부는 가로, 세로 약 2cm 크기로 잘라 오븐에서 150도로 약 15분간 드라이 형태로 구워준 후 카놀라유를 두른 팬에 진간장, 맛술을 넣어 노릇하게 볶아준다.
2. 부추도 두부의 크기와 비슷하게 잘라 세척하여 준비한다.
3. 파프리카도 두부 모양과 비슷한 크기로 자른 후 팬에 소금, 후추를 넣어 볶아준다.
4. **1**, **2**, **3**의 재료를 모두 섞어 주고 흑임자 가루를 뿌려 최종 음식의 간을 보고 요리를 완성한다.

### Sauce & Cooking Tip

두부는 먼저 오븐에서 물기를 말리듯 구워주면 팬프라이(Panfry)는 좀 더 두부의 모양이 깨지지 않고 정확하게 요리를 할 수 있다. 이러한 요리 과정을 거치면 영양, 맛, 모양 등이 유지되어 먹는 이로 하여금 즐거움을 더할 수 있다.

# 소고기 장조림을 올린 두부 구이

| 조리 난이도 | 조리시간 | 1인분 |
|---|---|---|
| 하 | 20분 | 120g 전후 |

두부

소고기의 단백질은 면역 글로블린의 원료인 필수 아미노산이 들어 있어 면역력을 키우는 데 좋다. 또한, 소고기에 함유된 아연은 백혈구 형성을 촉진해 바이러스와 박테리아를 퇴치하며, 양질의 불포화지방산인 올레인산은 혈관을 건강하게 해주는 좋은 지방으로 인체에 해로운 저밀도지질단백질의 수치를 낮추는 작용을 한다.

## 재료

| | |
|---|---|
| 소고기 장조림 | 40g |
| 두부 | 70g |
| 브로콜리 | 10g |
| 파프리카 | 3g |
| 카놀라유 | 20ml |

## 조리방법

1. 소고기 장조림은 잘게 찢어 준비한다.
2. 두부는 먹기 좋은 크기로 잘라 팬에 카놀라유를 두르고 노릇하게 굽는다.
3. 브로콜리는 끓는 물에 데친 후 참기름, 소금으로 심심하게 간을 한다.
4. 두부 위에 소고기 장조림을 올리고 그 위에 브로콜리, 파프리카를 올려 요리를 완성한다.

### Sauce & Cooking Tip

두부는 면역음식에서 빠질 수 없는 가장 훌륭한 식재료이다. 여러 식재료와 어울려 많은 요리를 연출할 수 있는데 여기서는 단백질이 풍부한 소고기와 두부가 만나 강력한 단백질 요리가 되었다. 항암 치료 후 단백질이 필요한 환자에게는 최고의 요리가 아닌가 싶다.
두부 위에 소불고기를 올려도 좋고 돼지고기 제육볶음도 좋다. 다만 기름기가 적은 부위를 사용해서 지방보다는 단백질이 풍부한 요리를 만드는 게 중요하다.

| 조리 난이도 | 하 |
| --- | --- |
| 조리시간 | 20분 |
| 1인분 | 120g 전후 |

두부

# 시금치를 올린 두부 구이

시금치는 항산화 효과가 매우 크고 베타카로틴, 비타민 C 등과 같은 비타민류가 풍부하며 미네랄을 골고루 함유해 균형 있는 영양소 섭취가 가능하다. 또한 시금치에는 빈혈 예방에 탁월한 철분과 고혈압 예방에 효능이 있는 칼륨, 뼈와 치아를 건강하게 유지시켜 주는 칼슘이 풍부한 채소이다.

시금치의 영양성분 중 엽산은 빈혈을 예방하고 항암효능까지 있는 것으로 알려져 있는데 특히 폐암이나, 위암 예방에 효능이 크다.

## 재료

| 재료 | 분량 |
| --- | --- |
| 두부 | 80g |
| 시금치 | 30g |
| 토마토 | 10g |
| 카놀라유 | 20ml |
| 소금 | 조금 |
| 참기름 | 5ml |
| 후추 | 조금 |
| 마늘 | 3g |
| 올리브오일 | 3ml |
| 알룰로스 | 2ml |

## 조리방법

1. 두부는 먹기 좋은 크기로 자른 후 팬에 카놀라유를 두르고 노릇하게 굽는다.(소금, 후추로 미리 밑간한다)
2. 시금치는 끓는 물에 데친 후 소금, 참기름, 마늘, 후추를 넣어 싱겁게 무친다.
3. 토마토는 가로, 세로 0.5cm 크기로 오븐에서 140도로 20분간 구운 후 올리브유, 알룰로스, 소금으로 양념하여 준비한다.
4. 구운 두부, 무친 시금치, 토마토 순으로 접시에 올려 보기 좋게 담아 요리를 완성한다.

### Sauce & Cooking Tip

두부 요리는 건강식에서 빼놓을 수 없는 최고의 단백질 요리로 방법은 다양하지만 플래팅(Plating)에 조금만 신경 쓰면 훌륭한 요리를 만들 수 있다. 두부 위에 꼭 시금치가 아니라 표고버섯, 느타리버섯, 다진 고기 등 다양한 식재료로 연출이 가능하다.

시금치 위에 토마토구이를 올린 것도 컬러뿐 아니라 건강식의 조화도 고려한 것이다.

# 파프리카 두부 구이

조리 난이도 하
조리시간 20분
1인분 120g 전후

두부

파프리카는 루테인이 많은 식품으로 손꼽히며, 시력을 보호하고 신체 저항력을 강화하는 비타민 A가 함유되어 있어 야맹증, 백내장, 황반 퇴화 등을 예방한다. 또한 면역력을 강화시키고 성인들의 골다공증 예방에도 좋으며 색깔별로 다양한 기능이 있다. 파프리카는 생으로 먹어도 좋지만 지용성 비타민 A의 영양흡수를 위해 기름에 볶아 먹는 것이 훨씬 좋다.

## 재료

| | |
|---|---|
| 두부 | 50g |
| 파프리카 | 50g |
| 양파 | 10g |
| 카놀라유 | 15ml |
| 소금 | 조금 |
| 후추 | 조금 |
| 참기름 | 2ml |

## 조리방법

1. 두부는 가로, 세로 약 2cm로 잘라 준비한다.
2. 파프리카와 양파는 가로, 세로 1.5cm로 자른다.
3. 카놀라유를 두른 팬에 두부를 약불에서 천천히 볶아주면서 소금, 후추로 기본양념을 한다.
4. 카놀라유를 두른 펜에 파프리카<양파 순으로 볶으며 소금, 후추로 양념하여 맛을 낸다.
5. 3, 4의 준비된 요리를 섞어 음식의 간을 본 후 요리를 완성한다.

### Sauce & Cooking Tip

볶음 요리를 할 때는 한 번에 음식의 간을 완성하려 하면 안 된다. 첫 번째 음식을 조리할 때 밑간 차원의 약간 싱겁게 하고 최종 조리를 하면서 간을 한다. 소금+간장 또는 간장+액젓 등으로 간의 종류를 다르게 해보면 감칠맛 나는 음식이 된다. 이 부분은 조리하는 이가 조리과정에서 터득하여 본인의 요리기법으로 해야 한다.

| 조리 난이도 | 조리시간 | 1인분 |
|---|---|---|
| 중 | 30분 | 120g 전후 |

# 단호박 빵(당뇨 빵)

단호박은 암세포의 생성과 성장을 억제하고 전이 예방에도 도움을 준다. 또한 베타카로틴 성분이 풍부해 눈의 시력을 보호하고 눈 건강을 지켜주는데 도움이 된다.
인슐린 분비를 촉진하여 당뇨병 증상을 개선하고 예방에도 효과적이며 이뇨작용과 독소 등의 유해물질과 노폐물을 배출하는데 도움을 준다. 이밖에 위 건강, 면역력 강화, 다이어트에 도움을 주기도 한다.

## 재료

| | |
|---|---|
| 단호박 | 100g |
| 달걀(물) | 20ml |
| 아몬드 파우더 | 15g |
| 소금 | 조금 |
| 알룰로스 | 3ml |
| 올리브유 | 5ml |
| 모둠 견과류 | 10g |

## 조리방법

1. 단호박은 껍질째 준비하고 속의 씨는 제거한 다음 찜 솥에 찐 후 굵은 채에 내려 곱게 한다.
2. 달걀은 풀어 준비한다.
3. 모둠 견과류는 입자가 씹힐 정도의 굵기로 썰어 준비한다.
4. 믹싱 볼에 찐 단호박, 풀은 달걀, 아몬드 파우더, 소금, 알룰로스, 올리브유를 넣어 섞은 다음 그 위에 다진 견과류를 올리고 다시 찜 솥에 쪄 준다.
5. 찐 단호박 빵은 한 김 식힌 후 먹기 좋은 크기로 잘라 제공한다.

### Sauce & Cooking Tip

당뇨 빵이라 부르기도 한다. 정제된 탄수화물인 밀가루나 쌀가루가 들어가지 않아 빵 맛이 나기에는 사실 조금 부족한 빵이다. 빵은 먹고 싶으나 먹지 못하는 환자를 위해 만들 수 있는 메뉴로 속도 편하고 나름 맛도 있어 간혹 식사 메뉴로 제공하면 좋다.

| 조리 난이도 | 조리시간 | 1인분 |
|---|---|---|
| 중 | 30분 | 120g 전후 |

# 단호박 페이스트

단호박 1회 분량(70g)을 섭취하면 하루권장량의 비타민 C와 비타민 E를 각각 14.7%를 섭취할 수 있다. 비타민 C와 비타민 E는 항산화 기능과 면역 기능이 있다고 알려져 있다. 필수 아미노산이 많아 성장기 아이들이나 노인의 영양식으로도 좋다. 단호박은 껍질 색깔이 진한 녹색을 띠고 무거운 것을 고른다. 겉으로 보아 꼭지 부분이 터실터실하고 열매는 고유한 짙은 녹색으로 윤기가 나는 것이 좋다.

## 재료

| | |
|---|---|
| 단호박 | 60g |
| 삶은 달걀 | 1/4개 |
| 사과 | 10g |
| 오이 | 10g |
| 건포도 | 5g |
| 알룰로스 | 3ml |
| 소금 | 조금 |
| 모둠 견과류 | 3g |
| 올리브유 | 10ml |
| 캐슈너트 | 3g |
| 파인애플 | 10g |
| 레몬(프레쉬) | 3g |
| 2배 식초 | 1ml |

## 조리방법

1. 단호박은 찜 솥에 찐 후 식혀 준비한다.
2. 사과, 오이는 가로, 세로 0.5cm 크기로 자르고 찐 단호박은 굵은 채에 내려 곱게 한다.
3. 모둠 견과류, 건포도는 다져 준비한다.
4. 파인애플, 캐슈너트, 레몬은 믹서기에 갈은 후 올리브유, 소금, 알룰로스, 식초와 섞어 캐슈너트 소스를 만든다.
5. 찐 단호박, 사과, 오이, 건포도를 모두 섞은 후 올리브유, 소금, 알룰로스로 양념하여 페이스트를 완성한 다음 접시에 아아스크림 스쿱으로 퍼서 담고, 다진 견과류로 가니쉬하여 요리를 완성한다.

### Sauce & Cooking Tip

한정식 레스토랑이나 한식당 등에서 자주 보는 메뉴이다. 일반 요리에는 마요네즈나 머스터드 등의 인스턴트 소스류를 사용하지만 여기서는 일절 인스턴트 재료가 들어가지 않은 자연식 요리이다.
단호박 요리는 주로 여성들이 좋아하며 만족도가 높은 메뉴 중 하나이다. 다양한 메뉴를 만들 수 있으며 결과적으로 조리사의 정성이 최고의 조미료가 아닌가 한다.

# 단호박 퓌레(Pure)

| 조리 난이도 | 조리시간 | 1인분 |
|---|---|---|
| 중 | 30분 | 120g 전후 |



단호박에는 베타카로틴, 페놀산, 비타민 등 영양소가 풍부해 성인병, 면역력, 항산화, 노화 등에 좋으며 특히 베타카로틴, 페놀산, 비타민 등 항산화 성분이 풍부하여 대장암, 간암, 췌장암 등을 예방하는데 효과적이다.

또한 체내 콜레스텔로 수치를 낮추는데 도움을 주어 고혈압, 동맥경화, 고지혈증 등 혈관질환을 예방하고 노화방지에도 효과적이다.

## 재료

| | |
|---|---|
| 단호박 | 80g |
| 캐슈너트 | 10g |
| 올리브유 | 5ml |
| 알룰로스 | 5ml |
| 플레인 | 10ml |
| 소금 | 조금 |
| 후추 | 조금 |
| 모둠 견과류 | 5g |
| 2배 식초 | 2ml |

## 조리방법

1. 단호박은 속의 씨를 제거하고 껍질 채 찜 솥에 찐 다음 으깬다.
2. 캐슈너트는 믹서기에 생수를 넣고 곱게 간다.
3. 모둠 견과류(호두, 아몬드, 피스타치오)는 다져 준비한다.
4. 쪄서 으깬 단호박과 곱게 갈은 캐슈너트, 플레인, 올리브유, 소금, 후추, 식초, 알룰로스를 넣어 개운한 맛이 나도록 요리한다.
5. 큰 수저 2개로 완자(quenelle) 형태의 모양을 잡아 접시에 담아주고 다진 모둠 견과류로 요리를 완성한다.

**퓌레(Pure)**

육류나 채소, 과일 등을 갈아 걸쭉하게 만든 상태를 말한다. 맛을 내는 소스(Sauce) 또는 플래팅의 가니쉬 등으로 활용하며 전체적인 요리의 품격을 높여주는 역할을 한다.

### Sauce & Cooking Tip

단호박은 껍질째 요리하는 게 건강과 모양, 맛도 좋다. 간혹 껍질을 벗기려 고생 하는 경우를 보는데 굳이 그럴 필요가 없다. 삶은 달걀을 넣어 요리해도 좋고 사과, 파인애플 등의 과일을 넣어도 좋은 요리가 된다. 맛은 과하지 않을 정도의 단맛이 나면 되고 곁들이는 음식으로 구운 통밀빵 한 조각과 커피가 함께라면 훌륭한 브런치(Brunch) 메뉴나 조식 메뉴가 된다.

조리 난이도
중

조리시간
20분

1인분
120g 전후

# 찹쌀 마 구이

마에는 비타민 B, 사포닌, 아르기닌 등의 성분이 있어 피로해소에 효과적이며, 뮤신 성분은 항바이러스 효능이 있어 장내 환경을 정돈하여 면역력을 강화시키는데 도움이 된다.
또한 마에 함유된 디아스타제 성분은 체내에서 포도당으로 변하여 인슐린의 분비를 촉진시키며, 식이섬유가 당질의 흡수를 억제하여 식후 혈당 상승을 막아주어 당뇨병 예방과 치료에 효능이 있다.

## 재료

| | |
|---|---|
| 마 | 100g |
| 모둠 견과 | 10g |
| 흑임자 | 조금 |
| 찹쌀가루 | 15g |
| 카놀라유 | 20ml |
| 알룰로스(단맛) | 10ml |
| 소금 | 조금 |
| 후추 | 조금 |

## 조리방법

1. 마는 먹기 좋은 크기로 잘라 준비한다.
2. 자른 마에 소금, 후추, 찹쌀가루를 넣고 버무린다.
3. 팬에 카놀라유를 두르고 **2**의 준비된 마를 팬 프라이하여 노릇하게 준비한다.
4. 팬 프라이한 마에 알룰로스, 흑임자를 넣고 달지 않게 버무려 요리를 완성한다.
5. 접시에 담아 나갈 때 모둠 다진 견과류를 올려 나간다.

### Sauce & Cooking Tip

마는 소스, 죽, 스프, 구이 등 여러 요리에 응용할 수 있는 건강 식재료이다. 마를 믹서기에 간 후 간장, 식초, 맛술 등을 넣어 소스를 만들면 다양한 요리에 응용할 수 있으며 연두부, 닭고기, 두부 등에 특히 잘 어울린다. 여기에 소개한 마 구이는 담백한 마의 맛이 느껴지는 특별한 요리이다.

조리 난이도 **중**
조리시간 **30분**
1인분 **120g 전후**

# 토마토 소스와 단호박 스테이크

단호박에는 베타카로틴 페놀산, 비타민 등 항산화 성분이 풍부해 발암의 원인인 활성 산소를 제거하여 대장암, 간암, 췌장암 등을 예방하고 피부노화 방지에 효과적이다. 특히 단호박 껍질에는 발암성 물질인 나이트로사민을 없애는 페놀산이 풍부해 껍질째 먹는 것이 더 효과적이다.

## 재료

| | |
|---|---|
| 단호박 | 30g |
| 토마토 | 30g |
| 다진 닭고기 | 5g |
| 두부 | 10g |
| 대파 | 3g |
| 양파 | 3g |
| 통밀가루 | 5g |
| 감자전분 | 3g |
| 달걀 | 1개 |
| 치아시드 | 5g |
| 소금 | 조금 |
| 후추 | 조금 |
| 맛술 | 3ml |
| 2배 식초 | 2ml |
| 알룰로스 | 2ml |

## 조리방법

1. 단호박은 작은 주사위 모양으로 썰어 찜 솥에 찐다.
2. 두부는 으깨고 대파, 양파는 다진 후 다진 닭고기, 단호박과 함께 섞어 통밀가루, 감자전분, 달걀, 소금, 후추, 맛술로 기본 양념을 하여 반죽한다.
3. 토마토는 가로, 세로 1cm로 자른 후 오븐에서 140도로 약 20분간 구운 후 알룰로스, 식초, 소금으로 양념하여 준비한다.
4. 치아시드는 2배의 물을 넣어 찜 솥에 찐 후 간장, 맛술, 식초로 양념한다.
5. **2**의 양념된 단호박 스테이크를 중불에서 천천히 팬 프라이하여 충분히 익힌다.
6. 접시에 팬 프라이한 단호박 스테이크를 올리고 그 위에 토마토 소스, 치아시드를 올려 요리를 완성한다.

### Sauce & Cooking Tip

면역음식 스테이크는 대체로 두부 또는 닭고기 살을 다져 통밀가루 등에 무쳐 요리한다. 우리가 흔히 먹는 일반적인 함박스테이크와 유사하지만 환자에겐 치아 상태 또는 소화흡수 같은 부분을 고려해 음식을 제공해야 한다. 소고기 스테이크 같은 원 육의 스테이크 요리는 건강한 사람에게는 좋겠지만 나이가 들고 몸이 약해지면 먹는 것도 힘들 때가 있다. 다양한 조립법을 통해 영양의 균형을 유지한 음식을 제공하는 게 중요하다.

# 갈릭 버터 새우구이

| 조리 난이도 | 조리시간 | 1인분 |
|---|---|---|
| 중 | 30분 | 120g 전후 |

생선 해물

버터는 심장 질환에 좋은 식재료이다. 아유르베다 학회지에 따르면 건선 환자가 매일 버터를 60ml를 일주일 동안 먹었을 때 혈중 콜레스테롤과 지방수치가 감소했다. 또한 학술지 '건강과 질환의 지질'에 실린 논문에는 버터 안에 들어 있는 리놀렌산을 먹은 쥐의 간과 혈액에서 항산화 물질 수치가 높아졌다는 내용이 실려 있어 간 건강에도 도움이 되는 것으로 보인다.

## 재료

| | |
|---|---|
| 블랙타이거 새우 | 20미, 2마리 |
| 버터 | 10g |
| 마늘 | 10g |
| 파슬리 | 조금 |
| 소금 | 조금 |
| 후추 | 조금 |
| 알룰로스(단맛) | 3ml |

## 조리방법

1. 블랙 타이거 새우는 물총, 내장, 껍질 등을 제거하여 등 쪽으로 칼집을 넣어 준비한다.
2. 마늘과 파슬리는 다져 준비한다.
3. 팬에 버터를 중불에서 녹이고 다진 마늘을 볶다가 파슬리, 소금, 알룰로스, 후추를 넣어 양념한다.
4. 손질한 새우는 오븐에서 150도로 6분간 굽고 소금, 후추를 약간 뿌려 스팀에서 익혀 준비한다.(또는 찜 솥에 찐다)
5. 녹인 버터에 볶은 마늘을 익힌 새우에 넣어 요리를 완성한다.

### Sauce & Cooking Tip

유제품 또는 버터는 사용을 자제한다. 적색육도 가급적 사용을 안 하는데 이는 치료목적에서 하나의 원칙으로 꼭 지켜야 하는 건 아니고 단백질을 필요로 하는 환자나 건강상의 목적으로 단백질이 필요할 경우는 적절히 음식에 사용하는 것도 나쁘지 않다고 본다. 버터는 "루"를 끓일 때도 필요한 재료로 한결 풍미가 좋아져 음식의 맛이 살아난다.

조리 난이도 중 | 조리시간 60분 | 1인분 120g

생선 해물

# 고등어 무 조림

동맥경화와 뇌졸중 예방에 탁월한 등 푸른 생선인 고등어에는 EPA, DHA 같은 불포화지방산이 많아 콜레스테롤 수치를 개선해주고 혈액을 정화해 혈관계 질환을 예방하는데 좋은 음식이다. 또한 셀레늄 성분은 바이러스에 대한 저항력을 높여주고 몸의 면역력을 향상시켜 염증을 완화하고 감기와 같은 질병에 잘 대처할 수 있게 해준다.

## 재료

| | |
|---|---|
| 고등어 | 1/2 토막 |
| 무 | 20g |
| 양파 | 5g |
| 대파 | 5g |
| 청양고추 | 5g |
| 홍고추 | 3g |
| 맛술 | 5ml |
| 고춧가루 | 10g |
| 후추 | 조금 |
| 마늘 | 5g |
| 생강 | 3g |
| 간장 | 15ml |
| 참기름 | 조금 |

## 조리방법

1. 고등어는 손질 후 크기에 따라 반 토막 또는 1/4 토막으로 잘라 준비한다.
2. 무는 오래 조림해야 하므로 두툼하게 잘라 준비한다.
3. 고추, 양파, 대파도 큼지막하게 자른다.
4. 믹싱 볼에 무, 양파, 대파, 고추와 생강, 다진 마늘, 간장, 고춧가루로 양념을 만들어 버무린다.
5. 큰 양푼에 양념한 **4**의 재료를 바닥에 깔고 손질한 고등어를 그 위에 가지런히 놓고 약간의 채수나 생수를 넣은 후 뭉근히 약불에서 조린다.(중간에 뒤적여 고루 익도록 한다)

### Sauce & Cooking Tip

조림 요리를 할 때는 고등어뿐만 아니라 병어, 삼치, 갈치 등 다양한 생선이 가능하다. 생선 요리인 만큼 선도가 중요하며 비린내를 잡기 위해 생강, 후추 등을 적절히 사용한다. 맵지 않게 요리해야 하는 환자식인 경우 청양고추, 고춧가루 등을 빼고 간장양념만으로 한다. 하지만 생선조림의 백미는 매콤한 맛이 아닐까 싶다. 조림은 긴 시간 요리해야 하며 자주 뒤적이면 살이 부서질 염려가 있으니 유의한다.

# 마 소스를 올린 임연수어 구이

조리 난이도 **중**
조리시간 **30분**
1인분 **120g 전후**

생선 해물

임연수어는 비타민 A가 풍부해 시력을 보호하고 야맹증 예방과 치료에 좋다. 또한 비타민 B1도 많아 각종 뇌질환을 예방해주고 혈압조절, 동맥경화 예방, 인슐린 분비를 촉진시켜 당뇨병 치료에도 좋다.
임연수어에 들어 있는 오메가3 지방산은 두뇌발달에 좋으며, 지용성 비타민 E는 항산화 효과, 노화방지에도 좋다.

## 재료

| 재료 | 분량 |
|---|---|
| 임연수어 | 1 토막 |
| 마 | 30g |
| 마늘 | 10g |
| 토마토 | 20g |
| 무순 | 조금 |
| 간장 | 5ml |
| 맛술 | 3ml |
| 후추 | 조금 |
| 참기름 | 2ml |
| 발사믹 식초 | 3ml |
| 소금 | 조금 |
| 올리브유 | 10ml |
| 알룰로스 | 4ml |

## 조리방법

1. 임연수어는 내장 등을 제거하여 손질한 후 오븐에서 160도로 약 20분간 굽는다.(구울 때 임연수어 표면에 카놀라유, 소금, 후추를 발라 준다)
2. 마는 껍질을 벗겨 믹서기에 곱게 갈아 간장, 맛술, 후추, 참기름을 넣어 마 소스를 준비한다.
3. 마늘은 슬라이스한 후 팬에 카놀라유를 두르고 발사믹(Balsamic) 식초와 소금을 넣어 볶는다.
4. 토마토는 가로, 세로 2cm로 잘라 오븐에서 140도로 20분간 구운 후 올리브유, 소금, 알룰로스로 맛을 내 준비한다.
5. 접시에 구운 이면수를 놓고 마 소스를 올린 다음 그 위에 마늘, 토마토, 무순으로 가니쉬(Garnish)하여 요리를 완성한다.

### Sauce & Cooking Tip

생선구이는 바삭하게 먹는 것이 일반적이며 생선의 표면에 밀가루 또는 전분을 입혀 팬 프라이한다. 이런 조리법이 건강에 좋지 않다고 생각하거나 당뇨병 등의 질환이 있다면 여기 소개하는 요리처럼 오븐에 구워 먹는 방법도 좋다. 조리 과정은 다소 복잡하지만 먹는 이는 정성들인 음식을 맛보기에 기분 좋은 식사가 될 것이다.

# 시래기 고등어 무 조림

조리 난이도 **중**
조리시간 **40분**
1인분 **120g 전후**

생선 해물

고등어는 불포화지방산이 많아 심장과 관련된 각종 합병증의 위험도를 낮게 해주어 부정맥, 발작증상, 동맥경화, 뇌졸중 등을 초기에 예방할 수 있으며, 당뇨병 환자의 혈당 수준을 제어하는 역할도 한다.

내장지방이 쌓이는 것을 어느 정도 억제하려면 당뇨가 있는 이는 건강한 지방을 선택해서 섭취하는 것이 중요하다.

## 재료

| 재료 | 분량 |
|---|---|
| 고등어 | 1/2 토막 |
| 시래기 | 30g |
| 무 | 10g |
| 대파 | 5g |
| 양파 | 5g |
| 홍고추 | 2g |
| 청양고추 | 2g |
| 마늘 | 2g |
| 생강 | 2g |
| 간장 | 10ml |
| 후추 | 조금 |
| 맛술 | 3ml |
| 참기름 | 3ml |
| 고춧가루 | 15g |
| 통깨 | 조금 |

## 조리방법

1. 고등어는 내장 등을 제거해 손질하여 먹기 좋은 크기로 잘라 준비한다.(고등어 크기에 따라 1/2 등분 또는 1/3 등분한다)
2. 시래기는 불순물이 없도록 깨끗하게 씻은 다음 적당한 크기로 잘라 준비한다.(시중에 유통되는 시래기에 머리카락 등이 자주 나온다)
3. 무는 큼지막하게 자르고 대파, 양파, 고추도 조리면 물러지는 것을 감안해 크게 잘라 준비한다.
4. 무, 시래기, 대파, 양파, 고추에 고춧가루, 맛술, 마늘, 생강, 후추, 참기름, 간장으로 양념한 후 고등어를 위에 올려 약불에서 천천히 졸여 요리를 완성한다.

### Sauce & Cooking Tip

조림요리는 요리방법이 거의 똑같다. 주재료를 조릴 때 물러지는 현상을 먼저 이해하고 요리에 임해야 한다. 생선은 동태, 병어, 가자미, 갈치 등으로 다양하게 요리할 수 있으며 무, 마 등의 채소를 이용한 조림도 가능하다. 조림요리는 불의 조절에 민감해야 하며 약불에서 천천히 요리한다.

# 양파 소스를 올린 연어 구이

조리 난이도 **중**
조리시간 **30분**
1인분 **120g 전후**

생선 해물

연어에는 오메가3 지방산이 풍부해 종양의 크기를 줄여주고 종양세포의 성장을 억제하는 효과가 있다는 연구결과가 있어 면역력 강화에 도움이 되는 항암음식 중 하나이다. 또한 불포화지방산도 많이 들어 있어 혈액 속에 있는 콜레스테롤 수치를 낮추어 동맥경화, 심혈관 질환 예방에 도움이 된다. 그 외 성인병 예방, 눈 건강, 잇몸병 예방에도 효과가 좋다.

## 재료

| | |
|---|---|
| 연어 | 80g |
| 캐슈너트 | 20g |
| 파인애플 | 20g |
| 양파 | 10g |
| 홀그레인 머스터드 | 5g |
| 올리브오일 | 15g |
| 소금 | 조금 |
| 알룰로스(단맛) | 5ml |
| 식초 | 3ml |
| 어린 새순 | 5g |
| 레몬 | 20g |
| 후추 | 조금 |

## 조리방법

1. 통연어 또는 훈제연어를 슬라이스하여 동그랗게 말아 오븐에서 140도로 약 8분간 굽는다.(또는 찜 솥에 찐다)
2. 캐슈너트, 파인애플, 양파, 레몬은 믹서기에 넣고 곱게 갈아 올리브오일, 소금, 후추, 홀그레인 머스터드 식초 등을 넣고 양파 소스를 준비한다.
3. 구운 연어 위에 양파 소스를 얹히고 어린 새순을 올려 요리를 완성한다.

음식 위의 가니쉬(garnish)는 주재료와 어울릴 만한 어떤 재료를 사용해도 무방하다. 여기서는 연어구이 위에 샐러리를 슬라이스하여 올렸는데 이는 이해를 돕기 위한 부분이다.

### Sauce & Cooking Tip

적색육(소고기, 돼지고기)은 환자가 먹을 요리에는 많이 사용하진 않는다. 대신 단백질 식재료로 백색육인 닭고기, 오리고기를 많이 쓰는 편이고 때로 환자들이 싫증나지 않을 정도의 패턴으로 적색육을 제공한다. 여기 소개하는 연어요리 또한 단백질 요리로 색다른 맛을 선사하며 영양원이 다양한 좋은 식재료 중 하나이다. 일반인은 회로 먹는 경우가 많은데 환자이거나 노인들은 가급적 익혀 먹는 게 좋다.

생선 해물

조리 난이도 **중**
조리시간 **30분**
1인분 **120g 전후**

# 오이 새우 카나페

홀스레디시(Horseradish)는 식물 뿌리로 회와 같이 먹는 와사비의 주원료이기도 하다. 톡 쏘는 매운맛은 육류, 생선을 먹을 때의 느끼함을 없애주어 함께 먹으면 좋은 식재료이다.

주로 소화작용을 돕고 몸의 순환기능을 활성화시켜 혈압을 낮추는 효과도 있다. 특히 고령자에게 좋은 식재료이며, 열을 가하면 매운맛이 사라져 가급적 생으로 먹는 것이 도움이 된다. 이뇨제 역할도 한다.

## 재료

| | |
|---|---|
| 오이 | 40g |
| 새우 | 40g |
| 캐슈너트 | 5g |
| 양파 | 3g |
| 모둠 견과류 | 5g |
| 홀스레디시 | 3g |
| 소금 | 조금 |
| 올리브유 | 5ml |
| 2배 식초 | 1ml |
| 알룰로스(단맛) | 3ml |
| 후추 | 조금 |

## 조리방법

1. 오이는 2cm 길이로 자른 후 속을 파내어 준비한다.
2. 새우는 꼬리와 껍질을 벗기고 찜 솥에 찐 후 다진다.
3. 양파도 곱게 다진 후 물에 담가 매운맛을 없앤다.
4. 모둠 견과류(호두, 피스타치오, 아몬드)는 곱게 다져 준비한다.
5. 캐슈너트는 믹서기에 생수를 넣고 곱게 갈아준다.
6. 새우와 양파, 갈은 캐슈너트를 섞고 올리브유, 소금, 후추, 알룰로스, 식초를 넣어 양념하여 준비한다.
7. 속을 파낸 오이에 **6**의 재료를 넣어 요리를 완성한다.

### 카나페(Canape)

한쪽 면만 구운 빵 위에 버터를 바르고 치즈, 햄, 삶은 달걀, 푸아그라 등의 여러 가지 재료를 올려 만든 전채(오르되브르) 요리로 식전에 입맛을 돋우기 위해 제공되는 음식이다. 빵 대신 에이스나 아이비 같은 크래커를 쓰기도 한다.

### Sauce & Cooking Tip

오이는 프레쉬 상태 그대로 요리할 수도 있지만 취향에 따라 소금, 알룰로스, 식초 등을 넣어 새콤달콤한 맛이 나도록 절일 수도 있다. 아무것도 양념하지 않은 오이에 새우를 넣어 먹는 맛은 깔끔하여 나름 상쾌하고, 절인 오이에 새우를 넣은 맛은 새콤달콤한 맛과 함께 새우의 고소함이 함께해 또 다른 맛을 선사한다.

# 오이 연어 카나페

조리 난이도 **중**
조리시간 **30분**
1인분 **120g 전후**

생선 해물

오이에는 식이섬유와 비타민 C, K, 마그네슘, 칼륨 등과 "플라노블"이 함유돼 있어 DNA와 세포를 산화 스트레스로부터 보호해 강력한 암 퇴치 작용을 하기도 한다.
1. 체내에 수분을 공급해준다. 2. 신체 안팎의 열을 식혀준다.
3. 독소를 제거해준다. 4. 일일 권장 비타민을 공급해준다.
5. 피부에 좋은 미네랄을 공급해준다. 6. 소화와 체중감소에 도움을 준다.
7. 눈에 활기를 준다. 8. 항암효과를 가지고 있다.
9. 당뇨를 치료해주고, 콜레스테롤과 혈압을 낮춰준다.

## 재료

| 재료 | 분량 |
|---|---|
| 오이 | 40g |
| 연어 | 40g |
| 브로콜리 | 10g |
| 블루베리 | 5g |
| 파프리카 | 3g |
| 올리브유 | 5ml |
| 소금 | 조금 |
| 후추 | 조금 |
| 2배 식초 | 3ml |
| 알룰로스 | 5ml |

## 조리방법

1. 오이는 그림처럼 높지 않게 자르고 속의 씨를 제거한 후 식초, 소금, 알룰로스로 가볍게 버무린다.
2. 연어는 찜 솥에 찐 후 올리브유, 소금, 후추, 식초, 알룰로스를 넣어 무친다.
3. **1**의 오이는 물기를 제거하고 **2**의 양념된 연어를 속을 파낸 오이 속에 넣어준다.
4. **3**의 요리에 블루베리, 파프리카, 데친 브로콜리로 가니쉬하여 요리를 완성한다.

### Sauce & Cooking Tip

에피타이저 전채 요리이다. 면역음식은 보통 1호식 개념의 식판에 제공하는 경우가 많은데 약간의 원칙을 세워 음식을 먹게 하면 좀 더 품위 있는 면역음식이 되지 않을까 한다. 그런 의미에서 전체 영양구성을 단백질, 지방, 탄수화물 등으로 구성하는데 이런 영양적 기본 베이스에 기호적인 부분을 감안하여 에피타이저, 샐러드, 메인, 한식, 디저트 등의 5코스 개념의 식단을 구성해보면 어떨까 싶다.

조리 난이도 **중**
조리시간 **30분**
1인분 **120g 전후**

생선 해물

# 오징어 볶음

오징어에 들어 있는 타우린과 베타인은 간장에서 유독물을 무독화해서 담즙으로 배설하여 간 기능을 강화해 준다. 또한 키토산으로 변환하는 글루코사민이라는 당질이 들어 있어 노화 예방과 항암 작용, 면역력 강화에도 효과가 있다.
오징어 먹물에 들어 있는 무코 다당류와 펩티드 복합체라는 성분은 발암성 물질을 억제하는 기능을 한다.

## 재료

| | |
|---|---|
| 오징어 | 60g |
| 대파 | 10g |
| 양파 | 10g |
| 고추(풋) | 5g |
| 양배추 | 15g |
| 마늘 | 5g |
| 고추장 | 10g |
| 고춧가루 | 5g |
| 후추 | 조금 |
| 맛술 | 6ml |
| 카놀라유 | 20ml |
| 참기름 | 조금 |

## 조리방법

**1.** 오징어는 내장을 제거하고 흐르는 물에 깨끗이 씻은 후 배 안쪽에 사선으로 칼집을 넣어 먹기 좋은 크기로 잘라 뜨거운 물에 데친다.(물이 끓었을 때 손질한 오징어를 약 1분간 삶는다)

**2.** 대파, 양파, 고추, 양배추는 오징어와 비슷한 크기로 잘라 준비한다.

**3.** 팬에 카놀라유를 두르고 마늘을 볶다가 고추장<고춧가루<맛술<참기름 순으로 넣어 약불에서 천천히 볶아 오징어 소스를 만든다.(고추장 특성에 따라 간을 가감한다)

**4.** **1**. **2** 재료를 팬에서 볶은 후 **3**의 소스에 버무려 요리를 완성한다.(완성한 요리에서 물이 나오면 안 된다. 그러면 처음 의도한 음식의 맛을 유지할 수 없다)

### Sauce & Cooking Tip

일반적으로 볶음 요리는 센 불에서 빠르게 볶아 "불향"을 내야 맛있다고 알고 있다. 하지만 건강한(면역음식) 음식을 할 때는 기름과 재료 간의 조리과정에서 생길 수 있는 발연점을 생각 안 할 수 없다. 식용유를 사용한 볶음, 튀김 등의 요리를 할 때 벤조피렌 등의 발암물질이 생길 수 있다는 것을 알아야 한다. 식용유를 사용할 때는 온도와 식재료 자체의 성질과 특성을 이해하는 것이 중요하다. 예를 들어 오징어 볶음에 양배추, 고추, 대파, 양파 등의 부수적인 재료가 들어간다면 각각의 재료 특성에 맞게 중·저온에서 볶아 섞어서 요리하는 것을 권하고 싶다.

# 임연수어 구이

조리 난이도 **중**
조리시간 **20분**
1인분 **120g 전후**



레몬은 혈액을 정화하고 독소와 노폐물을 배출하는 효능이 탁월하다. 다이어트는 물론 고혈압과 동맥경화 같은 혈액 순환 관련 질환을 치료하는데 매우 효과적이다. 간이 약한 체질로 고혈압이 있는 사람이 레몬즙을 오래 복용해 혈압이 조절된 사례도 많이 있다. 레몬에 많이 함유된 비타민 C는 간 기능을 활성화해서 해독과 숙취를 해소해주며, 신맛과 구연산 성분 역시 간을 이롭게 하는 맛이자 영양소이다.

## 재료

| | |
|---|---|
| 임연수어 | 1 토막 |
| 레몬 | 1/8쪽 |
| 쪽파 | 조금 |
| 간장 | 15ml |
| 맛술 | 5ml |
| 후추 | 조금 |
| 식초 | 3ml |
| 알룰로스 | 2ml |
| 통밀가루 | 50g |
| 카놀라유 | 20ml |
| 다진 마늘 | 2g |

## 조리방법

1. 임연수어는 내장 등을 제거해 손질한 다음 통밀가루를 입히고 약 10분 후 카놀라유를 두른 팬에 약불에서 팬 프라이한다.(확실히 익혀야 하기에 오븐에서 한 번 더 구워도 좋다)
2. 레몬은 1/8쪽을 준비한다.
3. 간장, 맛술, 식초, 후추, 마늘, 알룰로스를 넣어 간장 소스를 준비한다.
4. 쪽파는 잘게 썰어 준비한다.
5. 접시에 팬 프라이한 임연수어를 올리고 간장 소스를 뿌린 다음 레몬과 쪽파를 올려 요리를 완성한다.

### Sauce & Cooking Tip

가자미, 임연수어, 병어 등은 가볍게 생선 요리를 하기에 좋은 식재료이다. 굽거나, 팬 프라이하거나 또는 조림을 할 때도 좋은 재료이다. 음식의 완성은 마지막 플래팅이다. 아무리 맛있게 조리했어도 마지막 플래팅이 잘못되면 음식의 완성도가 떨어지기 때문에 항상 이 부분을 신경 써야 한다. 몸이 불편하거나 병원에서 식사를 제공하는 조리사는 더욱 신경을 써서 병원 밥이라는 고정관념을 탈피해 훌륭한 음식을 제공하는 것이 첫 번째 왕도라 생각한다.

# 적양파 소스를 올린 연어 구이

| 조리 난이도 | 조리시간 | 1인분 |
|---|---|---|
| 중 | 20분 | 120g 전후 |

생선 해물

양파는 세포의 유전자가 암세포로 변이되는 것을 막는 효능이 있으며, '폴리페놀'은 녹차의 카테킨과 같은 성분으로 동맥경화와 암에 대항하는 항산화 작용에 중요한 물질이다. 양파는 이처럼 혈액과 혈관의 상태를 개선해 고혈압과 동맥경화, 고지혈증을 예방, 치료하며 미세한 모세혈관을 강화시키는 작용도 한다.

## 재료

| 재료 | 분량 |
|---|---|
| 연어 | 80g |
| 적양파 | 10g |
| 파프리카 | 5g |
| 오이 | 5g |
| 캐슈너트 | 10g |
| 레몬 | 5g |
| 올리브오일 | 20ml |
| 알룰로스 | 3ml |
| 소금 | 조금 |
| 홀스레디시 | 3ml |
| 케이퍼 | 3g |

## 조리방법

1. 연어는 프레쉬로 준비하여 얇게 슬라이스한 후 모양대로 말아 오븐에서 140도로 8분간 굽는다.
2. 적양파, 오이, 파프리카는 가로, 세로 0.5cm로 자르고 적양파는 물에 담가 매운맛을 없애준다.
3. 캐슈너트, 레몬은 믹서기에 곱게 갈고 케이퍼는 다진 후 홀스레디시, 적양파, 소금, 올리브오일, 알룰로스를 넣어 양파 소스를 만든다.
4. 접시에 양파 소스를 깔고 그 위에 구운 연어를 올린 다음 양파, 파프리카, 오이를 보기 좋게 올려 요리를 완성한다.

### Sauce & Cooking Tip

연어는 통상적으로 프레쉬 형태로 먹는 경우가 많은데 여기서 소개하는 음식은 "면역"이란 주제로 건강음식을 만드는 만큼 날 음식은 소개하지 않는다. 생선, 육류 등은 먹는 이의 안전과 건강을 위해 익혀 요리하는 것을 원칙으로 한다. 그런 관점에서 메뉴 소재의 한계성을 느낄 수도 있지만 제철 식재료를 이용한 다양한 메뉴는 얼마든지 가능하다. 이번 요리처럼 연어는 구이말고도 샐러드도 만들 수 있다. 연어를 익혀 캔 참치처럼 살코기를 뜯어 그린 샐러드 위에 올리고 오리엔탈 드레싱을 하면 멋진 샐러드가 될 것이다.

# 카레 소스를 올린 가자미 구이

조리 난이도 **중**
조리시간 **30분**
1인분 **120g 전후**

생선 해물

가자미는 필수아미노산이 풍부해 성인병 예방에 좋으며, 칼슘 흡수를 도와주는 비타민 D가 많아 골다공증 예방에도 좋다. 또한 뇌를 활성화시켜 스트레스 해소에 도움을 주며 비타민 B2가 풍부해서 설염, 구내염, 치근염 등 염증예방에도 효과적이다.
가자미는 체력과 기력보강에 좋으며 껍질은 콜라겐이 풍부해 거칠어진 피부나 주름 예방에 좋은 효과가 있다.

## 재료

| | |
|---|---|
| 가자미 | 1 토막 |
| 통밀가루 | 30g |
| 카레분말 | 20g |
| 파프리카 | 10g |
| 양파 | 5g |
| 쪽파 | 3g |
| 마늘 | 3g |
| 소금 | 조금 |
| 후추 | 조금 |
| 카놀라유 | 20ml |

## 조리방법

1. 가자미는 내장과 지느러미 등을 깨끗하게 손질한 후 겉 표면에 소금, 후추를 뿌려 간이 배도록 약 5분간 둔 후 통밀가루를 앞뒤로 묻혀 준비한다.
2. 파프리카, 양파는 가로, 세로 0.5cm로 자르고 쪽파, 마늘은 다진다.
3. 통밀가루를 입힌 가자미를 카놀라유를 두른 팬에 약불에서 천천히 노릇하게 익히고 오븐에서 150도로 5분 정도 한 번 더 익힌다.
4. 파프리카, 양파, 다진 마늘, 쪽파는 팬에 볶은 후 냄비에 카레분말과 생수를 넣어 카레 소스를 만든다.
5. 접시에 구운 가자미를 놓고 그 위에 카레 소스를 올려 요리를 완성한다.

### Sauce & Cooking Tip

강황이 몸에 좋다는 것은 여러 언론매체를 통해 밝혀진 바 있다. 울금과 강황, 커큐민 등은 같은 효과를 보는데 그 재료 자체를 먹기에는 어려움이 있다. 물론 밥을 지을 때 또는 스프, 죽 등의 특정 요리를 할 때 원료 자체를 쓰긴 하나 일반적으로 요리에 접목하기에는 한계가 있는 것도 사실이다. 이럴 때 시판용 카레 분말을 적절히 사용하는 것도 나쁘지 않다고 본다.
여기에 소개한 요리는 완제품 또는 냉동제품, 레토르트, 소스류 등을 배제한 요리인데 카레 분말만큼은 먹는 이의 편리성과 기호성을 고려하였다.

생선
해물

# 플레인 소스를 올린 연어 구이

| 조리 난이도 | 조리시간 | 1인분 |
| --- | --- | --- |
| 하 | 20분 | 120g 전후 |

우유로 만든 요거트에는 우유의 단백질과 칼슘, 망간, 비타민 A, B를 함유하고 있으며 다양한 유산균의 효능이 있다. 유산균은 장의 원활한 소화를 통한 변비 개선과 숙변 제거에 효과가 있어 장 건강에 도움을 준다.

요거트를 꾸준히 섭취하면 면역력이 향상되어 아토피와 같은 피부질환과 암 예방에 좋다. 스트레스 해소는 물론 당뇨병과 혈압 조절에도 도움이 된다는 요거트 플레인의 효능에 대한 연구 사례가 계속 나오고 있다.

## 재료

| | |
| --- | --- |
| 연어 살 | 80g |
| 플레인 요거트 | 25ml |
| 홀그레인 머스터드 | 3g |
| 브로콜리 | 20g |
| 올리브유 | 7ml |
| 소금 | 조금 |
| 알룰로스 | 5ml |
| 파슬리 파우더 | 조금 |
| 후추 | 조금 |

## 조리방법

1. 연어는 껍질이 있고 통으로 슬라이스된 것을 구입하여 물로 걸 표면을 세척한 다음 찜 솥에 찐다.(잘못 손질하거나 유통 중 관리 소홀로 비린 맛이 날 수 있으니 유의한다)
2. 플레인 요거트, 올리브유, 소금, 알룰로스, 홀그레인 머스터드, 파슬리 파우더, 후추를 섞어 플레인 소스를 만든다.
3. 브로콜리는 끓는 물에 데친 후 찬물에 헹군다.
4. 찐 연어를 접시에 보기 좋게 담고 그 위에 플레인 소스와 데친 브로콜리를 올려 요리를 완성한다.

### Sauce & Cooking Tip

연어는 단백질 요리로 훌륭한 식재료이다. 재료의 한계로 다양한 맛의 단백질 요리를 환자에게 제공하기란 쉽지 않다. 그럼에도 메뉴의 다양성을 최대한 이끌어 내기 위해서는 어패류, 갑각류, 육류, 가금류 등의 식재료 군에서 특히 제철 위주로 요리를 끊임없이 연구하고 노력하는 것이 조리사의 의무이자 책무라 하겠다.

# 해물 오이 초무침

조리 난이도 중
조리시간 20분
1인분 120g 전후

생선 해물

식초는 고기나 채소 등의 재료에 함유된 칼슘을 끌어내는 효능과 칼슘의 흡수율을 높여 뼈를 튼튼하게 해준다. 또한 지방의 합성을 저지하고 지방 분해를 촉진하며, 염분 섭취를 억제해 고혈압 예방에도 도움이 된다. 식초를 꾸준하게 복용하면 동맥경화, 위장의 살균작용 및 비만, 불면증 등에도 효과가 있다.

### 재료

| 재료 | 분량 |
|---|---|
| 낙지 | 20g |
| 새우 | 20g |
| 오이 | 30g |
| 레디시 | 10g |
| 병아리콩 | 5g |
| 마늘 | 3g |
| 레몬 | 1/8 |
| 맛술 | 3ml |
| 소금 | 조금 |
| 2배 식초 | 3ml |
| 후추 | 조금 |
| 알룰로스 | 10ml |

### 조리방법

1. 낙지, 새우는 손질해 끓는 물에 삶은 후 먹기 좋은 크기로 잘라 준비한다.
2. 오이도 새우 크기와 비슷하게 잘라 소금, 식초, 알룰로스에 미리 절인다.
3. 마늘은 곱게 다진다.
4. 레디시(Radish)는 슬라이스하여 준비한다.
5. 병아리콩은 무르도록 삶는다.
6. 조리용 믹싱 볼에 레몬즙, 마늘, 식초, 맛술, 소금, 알룰로스를 넣고 초무침용 소스를 만든다.
7. 준비된 소스에 모든 재료를 넣고 버무려 요리를 완성한다.

### Sauce & Cooking Tip

초무침은 샐러드 대용으로 요리할 수 있다. 다만 이때는 여러 채소들을 더 넣고, 여름이나 더울 때 조리하여 환자에게 제공하면 잃기 쉬운 입맛을 살려주는데 도움이 된다.

| 조리 난이도 | 조리시간 | 1인분 |
|---|---|---|
| **중** | **30분** | **120g 전후** |

생선 해물

# 해물 볶음

새우는 고혈압을 예방하며 칼슘과 타우린이 풍부한 고단백, 저지방 식품으로 다이어트와 면역력 증강에 좋은 식품으로 알려져 있다.
콜레스테롤이 많아 비만 등을 유발할 수도 있지만, 전문가들은 "새우에는 콜레스테롤을 낮춰주는 타우린이 풍부해 오히려 비만을 예방해준다"고 한다. 실제로 새우는 혈액 내 콜레스테롤을 낮춰줘 고혈압 예방에 효과가 있는 것으로 나타났다.

## 재료

| 재료 | 분량 |
|---|---|
| 새우 | 3마리 |
| 오징어 | 30g |
| 목이버섯 | 10g |
| 대파 | 5g |
| 쥬키니 호박 | 5g |
| 파프리카 | 5g |
| 양파 | 5g |
| 마늘 | 3g |
| 카놀라유 | 20ml |
| 참기름 | 5ml |
| 맛술 | 3ml |
| 후추 | 조금 |
| 간장 | 7ml |

## 조리방법

1. 새우는 30미를 준비해 겉껍질을 벗겨 끓는 물에 약 1분간 삶아 식힌다.(너무 오래 삶으면 새우의 육즙이 빠져 맛이 없으니 유의한다)
2. 오징어는 내장을 제거하여 배 안쪽으로 칼집을 넣어 먹기 좋은 크기로 자른 후 끓는 물에 데친다.
3. 목이버섯도 끓는 물에 데친 후 먹기 좋은 크기로 잘라 준비한다.
4. 대파, 쥬키니 호박, 파프리카, 양파도 오징어 크기와 비슷하게 자른다.
5. 달구어진 팬에 카놀라유를 두르고 다진 마늘을 볶다가 새우<오징어<목이버섯<호박<파프리카<양파<대파도 볶아 모두 섞은 후 양념을 넣어 요리를 완성한다.

### Sauce & Cooking Tip

이 요리는 중식의 팔보채에서 따왔다. 중식 요리는 주로 기름과 전분을 빼놓을 수 없는데 이 요리도 약간의 전분 물을 풀어 사용했다. 전분의 성질을 안다면 건강식으론 적합하지 않다는 생각이 들어 한계를 느끼기도 한다. 하지만 큰 틀에서 건강식(면역음식)을 생각해보면 별미로 한 번씩 사용하는 것은 괜찮지 않을까 한다. 다만 식용유를 사용할 때는 가급적 센 불보다는 중불에서 요리하는 것이 중요하다.

# 흑임자 오징어 무침

| 조리 난이도 | 조리시간 | 1인분 |
|---|---|---|
| 중 | 30분 | 120g 전후 |

생선 해물

오징어의 타우린 성분은 혈액 중의 콜레스테롤을 감소시켜 혈압을 정상화는데 도움을 준다. 항산화 성분인 셀레늄이 풍부하여 세포를 재생하는 기능이 있어 노화를 예방한다.

오징어는 탄수화물이 없고, 고단백 저지방, 저칼로리로 다이어트 식품이며, 면역력을 증진시켜주고, 간 기능을 개선하여 피로해소에 좋다.

### 재료

| | |
|---|---|
| 선동오징어 | 80g |
| 흑임자 | 조금 |
| 올리브유 | 10ml |
| 소금 | 조금 |
| 후추 | 조금 |
| 2배 식초 | 3ml |
| 알룰로스(단맛) | 5ml |

### 조리방법

1. 오징어는 선동오징어를 준비하여 내장 등을 제거하고 세척한 후 배 안쪽으로 칼집을 넣어 모양있게 썰은 후 끓는 물에 약 1분간 데쳐 찬물에 헹군다.
2. 올리브유, 흑임자, 2배 식초, 알룰로스, 소금을 넣어 양념을 준비하고 썰은 오징어를 무쳐 요리를 완성한다.

### Sauce & Cooking Tip

이 요리는 부담 없이 먹기에 좋은 메뉴이다. 오징어는 여러 형태로 요리할 수 있는 식재료로 여기 소개하는 흑임자 무침은 간단하면서도 맛도 좋아 환자들이 선호하는 메뉴 중 하나이다. 위 레시피에 채소(그린 채소, 양파, 대파 등)를 넣어 무쳐도 좋으며, 식초와 단맛을 빼 먹는 이의 기호에 따라 요리법을 달리 해도 좋다.

조리 난이도
**중**

조리시간
**30분**

1인분
**120g 전후**

구이

# 견과류를 올린 고구마 구이

고구마에는 베타카로틴, 강글리오사이드, 안토시아닌 등 항암에 도움을 주는 성분이 많이 들어 있다. 이런 성분들이 실제로 항암효과를 보인다는 것은 이미 여러 연구에서 밝혀졌다. 미국 국립암연구소는 고구마를 매일 먹는 사람과 전혀 먹지 않는 사람을 비교 연구한 결과, 고구마를 매일 먹는 사람의 폐암 발생률이 50% 정도 낮다는 연구 결과를 발표하기도 했고, 일본 도쿄대 의과학연구소 연구에서는 항암에 좋은 채소 중 고구마의 발암 억제율이 가장 높은 것으로 밝히기도 했다.

## 재료

| | |
|---|---|
| 고구마 | 1/2개 |
| 캐슈너트 | 30g |
| 호두 | 3g |
| 아몬드 | 3g |
| 피스타치오 | 3g |
| 소금 | 조금 |
| 올리브오일 | 10ml |
| 알룰로스 | 조금 |

## 조리방법

1. 고구마는 손질해 반으로 자른 다음 찜 솥에서 약 10분간 익힌다.
2. 찐 고구마는 다시 카놀라유를 두른 팬에 앞, 뒤로 노릇하게 구어 준비한다.
3. 캐슈너트는 믹서기에 생수를 넣고 곱게 갈고 올리브오일, 소금, 알룰로스를 넣어 소스를 만든다.(생수를 넣을 때 소스(sauce)의 농도에 유의한다)
4. 호두, 아몬드, 피스타치오, 캐슈너트를 곱게 다져 준비한다.
5. 오븐에 구운 고구마에 캐슈너트 소스를 발라주고 그 위에 다진 견과류, 레몬을 가니쉬하여 요리를 완성한다.

### Sauce & Cooking Tip

주방에 컨백션 오븐 조리기구가 있다면 최상의 조리환경이라 하겠다. 특히 습·건식이 기능하다면 더할 나위 없다. 굽고, 찌고, 드라이하는 요리가 간편해 시간을 절약할 수 있다.
컨백션 기구가 있을 경우 고구마를 바로 오븐에 익힐 수도 있지만 팬에 기름을 두르고 팬 프라이한 후 오븐에서 고구마 속까지 익혀 조리하는 방법도 있다. 이렇게 하면 식감이나 맛이 더 깊어진다. 하지만 고구마 본연의 담백한 맛을 원한다면 오븐에 구워 요리하는 게 좋다.

# 발사믹 비니거(Balsamic Vinegar) 마늘 구이

| 조리 난이도 | 조리시간 | 1인분 |
| --- | --- | --- |
| 하 | 20분 | 120g 전후 |

많은 과학자들은 수많은 동물실험을 통해 생마늘이 암의 진행을 억제한다는 사실을 밝혀냈다. 중국 산동성에 있는 두 지방을 비교 연구한 결과, 마늘을 먹지 않는 지방에 사는 사람들이 위암에 걸릴 확률은 마늘을 잘 먹는 사람의 12배나 높았다. 혈관 내에서 혈액 응고를 방지해 동맥경화증의 진행을 억제하고 심장병에 효과가 있다. 캘리포니아대학 연구팀의 결과에 의하면 마늘 추출물을 하루 1g씩 복용했을 때 유해한 LDL 콜레스테롤과 중성지방이 60~70% 줄었다.

## 재료

| 재료 | 분량 |
| --- | --- |
| 마늘 | 6알 |
| 브로콜리 | 20g |
| 발사믹 비니거 | 20ml |
| 소금 | 조금 |
| 알룰로스 | 5ml |
| 카놀라유 | 10ml |
| 2배 식초 | 2ml |

## 조리방법

1. 마늘은 반으로 잘라 찜 솥에 익힌다.
2. 브로콜리는 먹기 좋은 크기로 자른 후 끓는 물에 데쳐 준비한다.
3. 달구어진 팬에 카놀라유를 두르고 익힌 마늘을 씹었을 때 무른 느낌이 나도록 충분히 볶아주다 발사믹 비니거<소금<식초<알룰로스 순으로 넣어 검은 빛이 나도록 하고 맛은 새콤하고 약간의 단맛이 나도록 한다.
4. 데친 브로콜리는 조린 발사믹 비니거와 국물에 버무려 요리를 완성한다.

### Sauce & Cooking Tip

발사믹 비니거(balsamic vinegar)는 포도를 으깨서 발효시키면 일단 포도주가 되고, 포도주를 오래 방치하거나 혹은 효모를 넣어 촉진시키면 이것이 발사믹 비니거 즉 포도 식초가 된다. 서양요리 중에서도 우리가 흔히 이야기하는 지중해풍의 요리에는 발사믹 비니거, 올리브오일 등이 거의 모든 요리에 쓰이는데 대부분 이탈리아 요리의 기초가 되는 식재료이기도 하다.
학문적 이론의 논문 등에서도 건강에 대한 효능이 입증된 만큼 여러 요리에 접목해서 활용해 보는 것도 좋을 것 같다. 여기 소개하는 요리의 주재료인 마늘은 특히 건강에 좋은 재료인 만큼 다양한 조리법으로 환자에게 제공하면 좋다.

# 간장양념을 올린 새송이버섯 구이

조리 난이도 **하**
조리시간 **20분**
1인분 **120g 전후**

새송이버섯에는 비타민과 각종 무기질이 풍부해 암 예방에 좋으며 활성 산소를 없애는 항산화 작용이 뛰어나 노화를 예방해 준다. 또한 비타민 B2, 비타민 D, 티로시나아제, 엽산 등이 풍부하게 들어 있어 고혈압 예방 및 빈혈에 좋다.

## 재료

| 재료 | 분량 |
|---|---|
| 새송이버섯 | 대 1개 |
| 파프리카 | 20g |
| 쪽파 | 10g |
| 마늘 | 3g |
| 간장 | 10ml |
| 맛술 | 3ml |
| 참기름 | 2ml |
| 알룰로스 | 조금 |
| 2배 식초 | 2ml |
| 후추 | 조금 |
| 카놀라유 | 3ml |

## 조리방법

1. 새송이버섯은 반으로 자른 후 카놀라유를 바르고 소금, 후추로 밑간하여 오븐에서 150도로 5분 정도 굽는다.
2. 파프리카, 마늘, 쪽파는 다져 준비한다.
3. **2**의 재료에 참기름, 간장, 식초, 후추, 맛술을 넣어 양념장을 준비한다.
4. **3**의 준비된 양념장을 구운 새송이버섯에 올려 요리를 완성한다.

### Sauce & Cooking Tip

간장양념으로 요리는 짜지 않아야 한다. 약간 싱거운 맛을 내는 것이 어찌 보면 포인트다. 간장이 들어갔어도 짜지 않아야 한다. 왜냐하면 밥상을 받는 환자 입장에서는 딱히 간장양념을 올린 새송이버섯만이 아니라 김치와 그 외 간이 된 여러 음식이 있기에 먹다보면 전체적으로 음식이 짜단 느낌을 받는다. 이런 논리는 환자음식에만 적용되는 것이 아니라 일반인이 먹는 음식도 마찬가지이다.

# 올리브오일로 맛을 낸 양송이버섯 구이

조리 난이도 **하**
조리시간 **20분**
1인분 **120g 전후**

구이

양송이버섯에는 면역력을 높여주는 베타글루칸 성분이 풍부하여 암세포의 분열과 재발을 방지해 항암작용, 항균효과가 뛰어나다. 몸속의 단백질과 혈압을 조절하는 칼륨이 풍부하며 특히 비타민 B2가 버섯 중 가장 많아서 5~6개면 성인 비타민 하루 필요량을 채울 수 있다. 또한 양송이버섯에는 전분이 없어 당뇨병과 비만예방에 좋으며 레더나신이라는 성분은 피가 엉기는 혈전 현상에 대항하는 항혈전 작용이 탁월하다.

## 재료

| 재료 | 분량 |
|---|---|
| 양송이버섯 | 80g |
| 마늘 | 20g |
| 토마토 | 20g |
| 어린 새순 | 3g |
| 올리브오일 | 15ml |
| 소금 | 조금 |
| 후추 | 조금 |

## 조리방법

1. 양송이버섯은 먹기 좋은 크기로, 마늘은 반으로, 토마토는 가로, 세로 2cm 크기로 자른 다음 오븐에서 140도로 양송이버섯은 10분, 토마토는 20분, 마늘은 15분간 굽는다.
2. 구운 재료에 올리브오일, 소금, 후추를 넣어 요리를 완성한다.
3. 완성된 요리 위에 어린 새순으로 가니쉬하여 제공한다.

### Sauce & Cooking Tip

다양한 버섯 요리에는 마늘을 가급적 많이 사용한다. 샐러드 요리 또는 한국식 볶음 요리에도 자주 사용한다. 식재료 본연의 효능은 물론 버섯이나 마늘을 이용한 요리 자체는 품위 있고 고급스럽다. 특히 마늘은 셰프가 어떻게 요리하느냐에 따라 주재료로 써도 좋고 가니쉬로 써도 좋은 식재료인 것만큼은 확실하다.

# 캐슈너트 소스를 올린 고구마 구이

| 조리 난이도 | 조리시간 | 1인분 |
|---|---|---|
| 중 | 30분 | 120g 전후 |

구이

렌틸콩은 강력한 항산화 물질의 하나인 베타카로틴이 함유되어 각종 질병의 원인인 활성 산소를 억제하고, 암을 예방하는데 효과적이다. 렌틸콩에 들어 있는 수용성 섬유질은 혈당을 조절하고, 콜레스테롤 수치를 낮춰주는 효과가 있다. 또한 혈압을 안정시켜주는 칼륨과 마그네슘, 판토텐산 등이 풍부해 심혈관 건강에 많은 도움을 준다.

## 재료

| | |
|---|---|
| 고구마 | 1/2개 |
| 캐슈너트 | 30g |
| 모둠 견과류 | 30g |
| 렌틸콩 | 20g |
| 올리브유 | 10ml |
| 소금 | 조금 |
| 알룰로스 | 3ml |
| 2배 식초 | 1ml |

## 조리방법

1. 고구마는 껍질을 벗겨 1/2로 자른 다음 오븐에서 150도로 약 20분간 굽는다.
2. 캐슈너트는 믹서기에 곱게 간 후 알룰로스, 소금, 올리브유, 2배 식초를 넣어 소스를 만든다.
3. 렌틸콩은 끓는 물에 삶아 준비한다.
4. 모둠 견과류(피스타치오, 호두, 아몬드)는 다져 준비한다.
5. 구운 고구마를 접시에 올리고 캐슈너트 소스, 다진 견과류 순으로 올려 요리를 완성한다.

### Sauce & Cooking Tip

고구마는 많은 이들이 선호하는 식재료이다. 또 제철인 가을부터 초겨울까지 언제라도 먹을 수 있으며 맛도 좋고 건강에도 좋다. 굽거나 쪄서 먹어도 좋으나 색다르게 먹고 싶다면 여기 소개하는 요리처럼 소스를 올린 다음 견과류를 더 해주면 고급스런 고구마 요리가 된다. 비슷한 요리로 감자 역시 이런 식으로 요리하면 색다른 별미가 될 것이다.

| 조리 난이도 |
| --- |
| **하** |
| 조리시간 **20분** |
| 1인분 **120g 전후** |

닭 오리

# 간장 소스로 맛을 낸 닭가슴살

간장은 염분과 아미노산 및 단백질 공급의 역할을 하며 혈관을 부드럽게 해주어 혈액순환, 비타민의 체내 합성에 좋다. 또한 간장 속의 메티오닌은 해독 작용에 효능이 탁월하며 피부미용에도 좋다. 갈증해소에도 효과가 있으며 특히 저장 기간에 따라 골다공증이나 암에 일정 부분 효능이 있다고 여러 논문에서 밝히고 있다.

## 재료

| 재료 | 분량 |
| --- | --- |
| 닭가슴살 | 80g |
| 오이 | 5g |
| 파프리카 | 10g |
| 양파 | 5g |
| 마늘 | 3g |
| 간장 | 5ml |
| 올리브유 | 7ml |
| 2배 식초 | 3ml |
| 알룰로스 | 5ml |
| 후추 | 조금 |

## 조리방법

**1.** 닭가슴살은 찜 솥에 찐 다음 실온에서 식혀 가로, 세로 2cm 크기로 잘라 준비한다.

**2.** 오이, 파프리카, 양파는 가로, 세로 0.5cm 크기로 자르고 마늘은 곱게 다져 준비한다.

**3.** **2**의 준비된 재료에 간장, 올리브유, 식초, 후추, 알룰로스를 넣어 오리엔탈 소스를 만든다.

**4.** 준비된 닭가슴살은 접시에 보기 좋게 담고 다시 그 위에 오리엔탈 소스를 올려 요리를 완성한다.

### Sauce & Cooking Tip

닭가슴살은 찔 때 시간과 불에 유의해야 한다. 고기 안에 있는 육즙이 찌는 과정에서 빠져나가면 퍽퍽해져 맛이 없게 된다. 조리하는 곳의 환경에 맞추어 닭고기의 육즙이 빠지지 않으면서 고기가 익을 정도의 삶는 시간과 불조절에 신경 써야 한다. 이 책에서는 단백질 요리, 특히 닭가슴살을 이용한 요리가 많은데 먹는 이가 싫증나지 않도록 다양한 맛의 요리를 제공하기 위해서이다.

# 고추장 소스를 올린 닭다리 구이

| 조리 난이도 | 조리시간 | 1인분 |
| --- | --- | --- |
| 상 | 50분 | 120g 전후 |

닭 오리

비만 방지에 효과가 있는 고추장은 고추의 매운맛을 내는 캡사이신 성분이 체지방을 감소시켜줄 뿐 아니라, 재료인 고춧가루, 메주와 숙성 때 생긴 성분이 체지방을 태워줘 다이어트에 좋다. 또한 메주로부터 유래된 고활성의 전분 분해효소와 단백질 분해효소의 작용으로 소화를 촉진시키며, 입맛이 없을 때 식욕을 돋우어 준다.

## 재료

| | |
| --- | --- |
| 닭다리 살 | 100g |
| 고추장 | 20g |
| 고춧가루 | 10g |
| 마늘 | 5g |
| 생강 | 2g |
| 카놀라유 | 15ml |
| 참기름 | 3ml |
| 맛술 | 2ml |
| 후추 | 조금 |
| 대파 | 10g |

## 조리방법

1. 뼈를 발라낸 닭다리 살은 프라이팬에 카놀라유를 두르고 앞뒤를 노릇하게 팬 프라이하여 준비한다.
2. 프라이팬에 카놀라유를 두르고 다진 마늘, 생강을 넣고 볶다가 고추장<고춧가루<맛술<참기름을 넣어 약불에서 천천히 볶아 고추장 소스를 만든다.
3. 노릇하게 구운 닭다리 살은 찜 솥에 쪄 속까지 익힌 후 준비된 고추장 소스를 발라 오븐에서 160도로 약 5분간 굽는다.
4. 대파는 얇게 파채로 썰어 물에 담가 파의 진액을 제거하고 참기름, 후추, 소금으로 약하게 간하여 준비한다.
5. 접시에 고추장 소스를 바른 닭다리 살을 먹기 좋은 크기로 잘라 올리고 다시 그 위에 파채를 올려 요리를 완성한다.

### Sauce & Cooking Tip

최근 들어 닭고기는 다양한 부위별로 판매하고 있어 목적에 맞는 원하는 부위를 구입하여 요리하면 된다. 면역음식을 할 때는 지방이 있는 닭 껍질은 없애고 요리한다. 일반적으로 건강한 사람들이 먹을 때에는 껍질이 고소하고 맛있을지 몰라도 건강을 목적으로 하는 요리인 만큼 과도한 포화지방은 제거하고 요리한다.

닭 오리

# 구운 오리고기와 방풍나물

조리 난이도 **중**
조리시간 **30분**
1인분 **120g 전후**

방풍나물에 함유된 베타카로틴은 항균작용으로 면역력을 발휘하며, 쿠마린이라는 영양성분은 혈전의 생성을 막을 뿐 아니라 혈관을 튼튼하게 하며, 혈액 속에 암세포가 혈관의 벽과 혈액에 자리 잡는 것을 억제해 암 발병률을 낮춰주기도 한다. 또한 비타민 P는 각종 노폐물과 가래 등을 몸 밖으로 배출시켜 질환 개선에 효과적이다.

## 재료

| 재료 | 분량 |
|---|---|
| 오리고기 | 70g |
| 방풍나물 | 30g |
| 마늘 | 5g |
| 양파 | 5g |
| 파프리카 | 5g |
| 대파 | 5g |
| 카놀라유 | 15ml |
| 고추장 | 5g |
| 고춧가루 | 5g |
| 맛술 | 3ml |
| 알룰로스 | 3ml |
| 참기름 | 조금 |
| 간장 | 조금 |

## 조리방법

1. 오리고기는 오븐에서 굽거나 또는 끓는 물에 데친 후 먹기 좋은 크기로 잘라 준비한다.
2. 방풍 잎은 억센 줄기는 제거하고 잎 위주로 깨끗이 손질한다.
3. 양파, 대파, 파프리카는 슬라이스하여 준비한다.
4. 팬에 카놀라유를 두르고 다진 마늘을 볶다가 고추장<고춧가루<맛술<참기름<알룰로스를 넣고 볶아 고추장 소스를 준비한다.
5. 준비된 오리고기와 양파, 대파, 파프리카도 팬에 카놀라유를 두르고 별도로 볶아주는데 이때 약간의 간장을 넣어 밑간을 해준다.
6. **5**에 준비한 고추장 소스를 섞어 버무려 요리를 완성한다.

### Sauce & Cooking Tip

고추장 소스(sauce)에 약간의 식초를 넣으면 풍미가 좋아지고 단맛은 취향에 따라 안 넣어도 된다. 짠맛은 고추장에 있는 짠맛으로 대체하나 싱겁다면 약간의 간장을 넣어도 좋다. 의외로 오리고기와 방풍나물의 궁합이 잘 맞아 방풍나물의 신선한 느낌과 오리고기의 묵직한 맛이 별미이다.

닭
오리

| 조리 난이도 | 조리시간 | 1인분 |
| --- | --- | --- |
| **중** | **20분** | **120g 전후** |

# 닭가슴살 김치말이

깻잎에 들어 있는 피톨이라는 성분은 암 세포만을 골라 제거하며, 병원성 균이나 병원성 대장균 등을 없애주는 효과가 있다. 또한 ETA, 엽록소, 베타카로틴, 안토시아닌 등의 다양한 항산화 성분이 들어 있다. 갯잎에는 비타민이 풍부해 말초혈관을 강화시켜 신경통을 예방, 개선해 주는 효과도 있다.

## 재료

| | |
| --- | --- |
| 닭가슴살 | 80g |
| 익은 김치 | 3g |
| 깻잎 | 2장 |
| 카놀라유 | 10ml |
| 맛술 | 3ml |
| 2배 식초 | 2ml |
| 마늘 | 3g |
| 통밀가루 | 15g |
| 고추장 | 3g |
| 소금 | 조금 |
| 후추 | 조금 |

## 조리방법

**1.** 닭가슴살은 포를 떠 얇게 저며 준비한다.(안에 김치를 말기 좋게 준비한다)

**2.** 김치는 카놀라유를 두른 팬에 다진 마늘을 먼저 볶고 김치<고추장<맛술<식초<참기름을 넣어 김치 볶음과 같은 맛을 낸다.

**3.** 깻잎은 씻어 준비한다.

**4.** 포를 떠 놓은 닭가슴살에 소금, 후추로 밑간을 하고 다시 위에 통밀가루를 뿌려 준비한다.

**5.** **4**에 깻잎을 깔고 다시 통밀가루를 뿌려주고 그 위에 물기를 없앤 볶은 김치를 올린 후 말아 준다.

**6.** 말은 닭가슴살을 찜 솥에 약 10분간 찐 후 실온에서 식힌 다음 썰어 접시에 담아 요리를 완성한다.

### Sauce & Cooking Tip

단백질 음식의 필요성은 아무리 강조해도 괜찮을 만큼 중요하다. 하지만 닭가슴살과 같은 재료는 맛의 한계로 어떡하면 맛있게 요리할 수 있을까 하는 고민이 생긴다. 이번에 소개하는 음식도 그런 측면에서 대표 한국음식인 김치를 접목하여 닭가슴살의 퍽퍽함을 없애주고 맛도 업그레이드한 메뉴이다. 닭가슴살은 오버 쿡(Over cook)되면 퍽퍽해지니 육즙이 빠지지 않도록 특히 초심자들은 더욱 신경 써야 한다.

| 조리 난이도 | 조리시간 | 1인분 |
|---|---|---|
| 중 | 30분 | 120g 전후 |

닭 오리

# 닭가슴살 채소 볶음

단백질은 암 환자의 식단에서 특별히 강조할 만큼 중요하다. 암 환자는 몸속 세포들이 암세포와 싸우는 상태라 건강한 사람보다 대사량이 높은 편으로 가만히 있어도 에너지 소비가 많아 건강한 사람에 비해 더 잘 먹어야 한다. 이에 닭가슴살은 충분한 단백질을 제공하는 중요한 식재료 중 하나이다.

## 재료

| | |
|---|---|
| 닭가슴살 | 60g |
| 표고버섯 | 10g |
| 가지 | 20g |
| 파프리카 | 10g |
| 양파 | 5g |
| 양배추 | 10g |
| 대파 | 5g |
| 맛술 | 5ml |
| 고추장 | 15g |
| 고춧가루 | 5g |
| 카놀라유 | 20ml |
| 참기름 | 2ml |
| 다진 마늘 | 5g |
| 후추 | 조금 |

## 조리방법

1. 닭가슴살은 찜 솥에 찌고 실온에서 식힌 다음 가로, 세로 2cm 크기로 잘라 준비한다.
2. 파프리카, 양배추, 대파, 양파, 가지, 표고버섯도 닭가슴살 크기와 비슷한 크기로 잘라 준비한다.
3. 팬에 카놀라유를 두르고 중불에서 마늘<고추장<고춧가루<맛술<참기름<후추 순으로 넣어 매콤한 고추장 소스를 만든다.
4. 팬에 카놀라유를 두르고 중불에서 **1**의 닭가슴살을 볶아낸 후 다시 팬에 카놀라유를 두르고 **2**의 재료를 따로 볶아 큰 그릇에 볶은 닭가슴살과 함께 담아둔다.
5. **4**의 모든 재료에 **3**의 소스(Sauce)를 넣어 버무려 요리를 완성한다.

### Sauce & Cooking Tip

보통 볶음 요리를 할 때 모든 재료를 넣어 센 불에서 볶는 게 일반적인 방법이나 암 환자의 면역식은 중·저온에서 요리하는 것을 강조하고 싶다. 또한 재료들도 특성에 맞게 각각 따로 볶은 후 준비된 소스에 버무려 요리를 완성하는 게 중요하다. 고추장 소스(Sauce)는 많은 요리에 응용이 가능하니 적용 여하에 따라 다양한 요리를 할 수 있다.

# 닭가슴살과 배추 찜

| 조리 난이도 | 조리시간 | 1인분 |
|---|---|---|
| 중 | 30분 | 120g 전후 |

닭 오리

배추 속의 하얀 부분에 많이 함유된 글루코시놀레이트와 시니그린 성분은 대장암, 위암 등의 항암 작용에 뛰어난 효과가 있다고 알려져 있다.
배추를 꾸준히 섭취하면 대장에 있는 염증을 완화하고 개선해 대장 질환들을 예방할 수 있다.

## 재료

| | |
|---|---|
| 배추 | 50g |
| 닭가슴살 | 50g |
| 양파 | 3g |
| 파프리카 | 3g |
| 쪽파 | 3g |
| 간장 | 10ml |
| 맛술 | 3ml |
| 후추 | 조금 |
| 2배 식초 | 2ml |
| 알룰로스(단맛) | 3ml |
| 참기름 | 2ml |

## 조리방법

1. 배추는 먹기 좋은 크기로 자른 후 찜 솥에 쪄서 준비한다.
2. 닭가슴살도 찜 솥에 찐 후 먹기 좋은 크기로 잘라 준비한다.
3. 양파, 파프리카, 쪽파는 잘게 다진 후 간장, 참기름, 후추, 알룰로스, 식초, 맛술을 넣어 양념 소스(Sauce)를 준비한다.
4. 찐 배추와 닭가슴살을 접시에 보기 좋게 담아낸다.
5. 간장 소스는 별도 소스 볼에 담아 내거나 닭가슴살 위에 올려 제공한다.

### Sauce & Cooking Tip

배추와 닭고기는 의외로 궁합이 좋은 식재료이다. 또한 간장 소스의 새콤달콤한 맛이 닭가슴살의 퍽퍽함을 상쇄시켜 상쾌한 맛을 느끼게 해준다.
건강한 단백질을 환자에게 제공하기 위해 자주 닭가슴살을 이용하는데 매번 그 맛을 어떻해 바꿔줄까 고민할 때 이번 메뉴를 해보면 어떨까 싶다.

# 치킨 간장 탕수육

조리 난이도 중
조리시간 30분
1인분 120g 전후

닭 오리

달걀에는 시력감퇴를 늦추고 백내장을 예방하는 효과가 있으며, 아미노산과 단백질이 들어 있어 근육발달을 촉진시켜 준다. 또한 황이 많아 간 기능을 돕는 비타민 B의 흡수를 도와주며, 윤기 나는 머리카락과 건강한 피부를 만들어 준다.

노른자에 들어 있는 콜린은 두뇌 발달에 좋으며 유방암 예방효과가 있다. 규칙적으로 먹으면 혈전, 심장마비, 뇌졸중 등의 위험을 낮춰주며, 하루에 하나를 먹으면 심장병을 예방할 수 있다.

## 재료

| | |
|---|---|
| 닭다리 살 | 60g |
| 통밀가루 | 10g |
| 감자 전분 | 10g |
| 달걀 | 1/2개 |
| 파프리카 | 5g |
| 쪽파 | 3g |
| 마늘 | 3g |
| 양파 | 3g |
| 간장 | 10ml |
| 참기름 | 3ml |
| 2배 식초 | 2ml |
| 알룰로스 | 2ml |
| 맛술 | 2ml |
| 후추/소금 | 조금 |
| 카놀라유 | 50ml |

## 조리방법

1. 닭다리 살의 껍질은 없애고 찜 또는 오븐 스팀에서 온도와 시간에 유의해 익힌다.(너무 익혀도 육즙이 다 빠져 맛이 없다)
2. 익힌 닭다리 살은 적당한 크기로 잘라 준비한다. (식으면 쉽게 자를 수 있다)
3. 파프리카, 양파, 마늘, 쪽파는 잘게 다져 준비한다.
4. **1**의 재료에 통밀가루, 감자전분, 달걀, 소금, 후추, 맛술을 넣고 튀김옷을 준비한 후 카놀라유를 두른 팬에 팬 프라이하여 익힌다.
5. **4**의 팬 프라이한 닭다리 살을 오븐에서 150도로 5분간 굽는다.
6. **3**의 재료에 간장, 맛술, 식초, 알룰로스를 넣어 탕수육 소스를 만든 후 팬 프라이한 닭고기와 버무려 요리를 완성한다.

### Sauce & Cooking Tip

환자의 기호와 메뉴의 다양성 차원에서 입맛이 저하된 경우 제공하면 좋다. 사실 튀기거나 너무 탄 음식은 환자가 먹기에 적당한 메뉴는 아니다. 식용유는 중요한 재료이나 고온에서 조리할 경우 산화되며, 이때 나타나는 인체에 해로운 물질들이 얼마나 안 좋은지는 여러 논문에 잘 나와 있다.

| 조리 난이도 | 하 |
|---|---|
| 조리시간 | 25분 |
| 1인분 | 120g 전후 |

# 카레 단각 구이

닭고기에는 불포화지방산 중 리놀레인산이 함유되어 암 발생을 억제하며 동맥경화, 심장병 등의 예방에도 도움을 준다. 미국 암연구협회와 세계 암연구재단은 암 예방 식생활에서 닭고기를 비롯한 백색육을 섭취할 것을 권장하는데 단백질 함량이 다른 육류에 비해 높아 두뇌성장 및 몸을 유지하는 뼈대의 역할, 세포조직의 생성, 각종 질병을 예방하여 준다.

## 재료

| | |
|---|---|
| 단각(닭다리) | 2개 |
| 카레 분 | 30g |

## 조리방법

1. 닭다리 살은 단각으로 닭의 무릎 아래 부위를 준비한다.
2. 준비된 단각 다리 살에 카레 분말을 발라준 후 오븐 스팀에서 15분, 오븐에서 160도로 구어 10분을 더 익혀 요리를 완성다.(컨벡션 오븐이 없는 경우는 찜 솥에 찐 후 오븐에 구우면 된다.)

### Sauce & Cooking Tip

백색육인 닭고기는 부족한 단백질을 보충할 수 있는 최고의 식재료이다. 물론 잦은 식사 제공으로 일부 환자는 싫증낼 수 있어 다양한 요리법이 필요하다. 이번 소개하는 카레 단각 구이는 특별한 조리법은 없으나 의외로 맛이 있어 가끔씩 제공하기에 좋은 메뉴이다. 다만 닭다리는 뼈 안쪽으로 살이 잘 안 익고 핏물이 보이는 경우가 있으니 조리 시 유의한다.

# 카레 소스를 올린 닭다리 구이

| 조리 난이도 | 조리시간 | 1인분 |
|---|---|---|
| 중 | 30분 | 120g 전후 |

닭 오리

강황의 커큐민 성분은 치매를 일으키는 베타 아밀로이드의 형성을 방지해 치매를 예방하고 뇌세포 노화는 물론 기능을 저하시키는 활성 산소를 억제·제거한다. 염증 물질 생성의 원인인 프라스타 글란디를 제어해주며, 면역력을 키워 암 예방을 도우며, 체지방을 분해·배출해 다이어트에도 좋다.

## 재료

| | |
|---|---|
| 닭다리 살 | 80g |
| 오이 | 5g |
| 양파 | 5g |
| 파프리카 | 5g |
| 새송이버섯 | 5g |
| 브로콜리 | 10g |
| 컬리플라워 | 5g |
| 치아시드 | 5g |
| 카레분말(시판용) | 20g |
| 소금 | 조금 |
| 후추 | 조금 |
| 카놀라유 | 15ml |

## 조리방법

1. 닭다리 살은 팬에 카놀라유를 두르고 노릇하게 색이 날 정도로 팬 프라이 후 오븐에서 160도로 약 8분간 구워준다.(소금, 후추로 밑간을 하여 굽는다)
2. 오이, 양파, 파프리카, 새송이버섯은 가로, 세로 0.5cm로 잘라 팬에 살짝 볶다가 생수를 넣고 끓으면 카레분말을 넣어 걸쭉하게 카레 소스를 준비한다.
3. 브로콜리, 컬리플라워는 끓는 물에 살짝 데친 다음 카레 소스와 함께 섞는다.
4. 치아시드는 오븐 스팀(또는 찜 솥)에서 약 10분간 쪄서 준비한다.
5. 접시에 담아낼 때는 오븐에 구운 닭다리 살을 먼저 중앙에 담고 사이드로 소스 등을 올려 보기 좋게 담아 요리를 완성한다.

### Sauce & Cooking Tip

면역음식을 팬 프라이할 때는 오버 쿡이 되지 않도록 컬러 등에 유의해야 한다. 특히 음식이 타거나 하면 안 된다. 또한 유제품을 사용하지 않기에 버터는 쓰지 않으며 요리할 때는 가급적 밑간하는 것에 신경을 써야 한다. 밑간을 하지 않으면 자칫 음식이 짤 수 있고 간이 골고루 들어가지 않아 의도치 않은 맛의 변화가 생길 수 있으니 이점 또한 유의한다.

# 표고버섯 소스를 올린 치킨 스테이크

조리 난이도 중
조리시간 40분
1인분 120g 전후

닭 오리

표고버섯은 혈압을 낮춰주고 나쁜 콜레스테롤을 막아주는 효능이 있다. 비타민 D가 부족하면 뼈나 치아가 약해지는데 이를 방지해주기도 한다. 비타민 D는 과일이나 채소 등에서 얻기가 힘들고 말린 표고버섯에 풍부하게 들어 있다. 비타민 B1, 비타민 D2가 풍부해서 빈혈예방 및 골격구성에 좋다.

또한 항암물질인 레티닌 성분이 풍부해서 암을 예방하고 혈액순환을 개선시켜 준다. 동맥경화, 심장 질환 등 심혈관질환자에게도 좋으며, 찬 성질이 있어 몸이 차거나 찬 성분을 먹으면 설사를 하는 사람은 피하는 게 좋다.

## 재료

| 재료 | 분량 |
|---|---|
| 다진 닭고기 | 30g |
| 표고버섯 | 10g |
| 두부 | 20g |
| 양파 | 10g |
| 마늘 | 3g |
| 대파 | 5g |
| 파프리카 | 3g |
| 간장 | 5g |
| 맛술 | 5ml |
| 참기름 | 3ml |
| 카놀라유 | 15ml |
| 후추 | 조금 |
| 통밀가루 | 10g |
| 달걀 | 15ml |
| 소금 | 조금 |

## 조리방법

1. 두부, 양파, 대파, 마늘은 다진 후 다진 닭고기와 통밀가루, 후추, 맛술, 간장, 달걀, 참기름을 넣어 스테이크를 만든다.(타원형 형태로 모양을 만든다)
2. 표고버섯은 슬라이스로, 파프리카는 가로, 세로 1cm 크기로 잘라 준비한다.
3. 카놀라유를 두른 팬에 중 · 저온에서 천천히 스테이크를 굽는다.(스테이크 속까지 익어야 한다)
4. 표고버섯, 파프리카는 카놀라유에 볶아주며 간장, 맛술, 참기름, 후추를 넣어 농도 있게 조려준 후 소스를 만들어 구운 스테이크 위에 올려 요리를 완성한다.

### Sauce & Cooking Tip

떡갈비 형태의 스테이크 모양은 여러 가지로 연출할 수 있다. 맛 역시 원 재료를 무엇을 넣느냐에 따라 달라지는데 소고기, 돼지고기, 오리고기, 두부 등을 다양하게 사용할 수 있다.

| 조리 난이도 | 조리시간 | 1인분 |
|---|---|---|
| 상 | 40분 | 120g 전후 |

# 굴 매생이 스파게티

굴에 들어 있는 고단백질, 비타민, 칼로리는 손상된 간 기능을 회복하는데 효능이 있어 간 질환 환자에게 좋은 식재료이다. 비타민, 미네랄은 적혈구의 형성을 촉진하여 빈혈을 예방하고 불면증과 시력 회복에 도움을 준다. 타우린 성분은 혈중 콜레스테롤을 낮춰 동맥경화를 예방하고, 혈압 상승을 억제하며, 땀이 많이 나는 것을 막아주는 효능이 있다.

## 재료

| | |
|---|---|
| 굴 | 30g |
| 매생이 | 10g |
| 통밀 스파게티 | 10g |
| 소금 | 조금 |
| 후추 | 조금 |
| 맛술 | 2ml |
| 올리브유 | 10ml |
| 알룰로스 | 3ml |
| 발사믹 식초 | 2ml |
| 간장 | 1ml |

## 조리방법

1. 생굴은 흐르는 물에 씻은 후 찜 솥에 쪄 준비한다.
2. 매생이도 흐르는 물에 씻은 후 먹기 좋은 크기로 잘라 준비한다.
3. 통밀 스파게티는 끓는 물에 약 10여 분간 삶고 실온에서 식힌 다음 올리브유, 간장으로 가볍게 무쳐 준비한다.
4. 익힌 생굴과 매생이를 카놀라유를 두른 팬에 소금, 후추, 맛술, 발사믹(Balsamic) 식초를 넣어 맛을 낸 후 스파게티 면과 함께 버무려 요리를 완성한다.

### Sauce & Cooking Tip

추운 겨울철 굴, 매생이를 이용한 요리는 제철 음식 최고의 메뉴 중 하나로 다양한 요리가 가능하다. 여기 소개하는 "굴 매생이 스파게티"는 퓨전 요리이지만 나름 맛있는 제철 메뉴로 요리 위에 신선한 루꼴라, 어린 잎 등을 올려 주면 한결 품위 있는 요리가 된다.

조리 난이도 **중**
조리시간 **30분**
1인분 **120g 전후**

**면**
스파게티

# 바질 페스토 냉 파스타

바질은 올리브유, 토마토 등과 잘 어울리는 대표적인 지중해 식단의 향신료로 허브의 왕이라 불린다. 약간 매운맛과 향긋하고 달콤한 향이 난다. 파스타, 빵과도 잘 어울리는 식재료로 머리를 맑게 해주며, 바질의 정유는 신경장애, 류머티즘 등의 약으로 사용하기도 한다. 또한 바질을 차로 마실 경우 신경과민, 두통, 구내염 등에도 효과가 있다.

## 재료

| | |
|---|---|
| 통밀 펜네(파스타) | 건면 30g |
| 바질 잎 | 2장 |
| 잣 | 5g |
| 올리브오일 | 15ml |
| 소금 | 조금 |
| 후추 | 조금 |
| 진간장 | 2ml |
| 알루로스 | 3ml |

## 조리방법

1. 통밀 펜네(파스타)는 끓는 물에 약 10분간 삶아 건져낸 다음 찬 물에 헹구지 말고 실온에서 식힌 후 올리브유, 진간장에 싱겁게 버무려 둔다.(밑간 차원)
2. 바질 잎은 흐르는 물에 씻은 후 믹서기에 올리브오일, 알룰로스, 잣과 함께 곱게 갈아 준비한다.
3. **2**의 재료에 소금, 후추를 넣어 페스토로 만들어 준비한다.
4. 삶은 통밀 펜네와 바질 페스토를 버무려 냉 파스타를 만든다.
5. 접시에 보기 좋게 냉 파스타를 담아낸다.

### Sauce & Cooking Tip

간혹 면 요리, 특히 파스타가 먹고 싶다면 크림 소스 또는 로제 소스 파스타 요리가 먼저 떠오르는데 시판용 소스는 사용하지 않기에 간단히 바질 페스토(Basil festo)를 만들어 요리한다면 깊이 있는 파스타 맛을 느낄 수 있을 것이다. 바질 페스토는 다양한 샐러드의 드레싱으로도 가능하니 마음껏 신선한 채소에 활용하는 것도 좋다. 여기 소개하는 펜네 냉 파스타 요리 위에 어린잎이나 신선한 채소를 올려 요리의 완성도를 높일 수 있다.

# 봉골레(Vongole) 스파게티

| 조리 난이도 | 중 |
|---|---|
| 조리시간 | 30분 |
| 1인분 | 120g 전후 |

바지락에는 타우린이 풍부해 혈압을 안정시키고, 혈액순환을 활발하게 해 고혈압을 예방하며, 피로해소에 도움을 준다. 또한 아연과 철분도 많이 함유되어 꾸준히 섭취하면 빈혈을 예방할 수 있다.

## 재료

| 재료 | 분량 |
|---|---|
| 바지락 | 100g |
| 통밀 스파게티 | 건면 10g |
| 양파 | 5g |
| 바질 잎 | 조금 |
| 마늘 | 3g |
| 파프리카 | 2g |
| 올리브유 | 10ml |
| 소금 | 조금 |
| 후추 | 조금 |
| 맛술 | 3ml |
| 간장 | 3ml |
| 카놀라유 | 10ml |

## 조리방법

1. 바지락은 소금물에 해감하고 여러번 헹구어 준비한다.
2. 통밀 스파게티는 약 10분간 끓는 물에 삶고 실온에서 식힌 후 올리브유, 약간의 간장을 넣어(아주 심심할 정도의 간) 준비한다.
3. 마늘은 편으로 잘라 준비하고 파프리카, 바질 잎은 다져 준비한다.
4. 팬에 카놀라유를 두르고 다진 마늘, 양파, 파프리카를 먼저 볶다가 해감한 바지락을 넣어 껍데기가 벌어질 때까지 볶은 다음 다진 바질 잎, 소금, 후추, 맛술을 넣어 양념한다.
5. 삶아 버무린 스파게티를 **4**의 준비된 요리에 섞어 요리를 완성한다.

### Sauce & Cooking Tip

바지락은 국물 요리도 좋지만 스프나 찜 요리에 사용하면 바지락 특유의 감칠맛과 풍미가 넘치는 좋은 식재료이다. 다만 일반적인 요리에서는 바지락을 올리브유에 볶지만 여기 소개하는 레시피에는 올리브유 대신 카놀라유로 볶았다.
여러 논란이 있지만 올리브유는 가급적 고온에서 조리하는 것은 바람직하지 않다고 본다. 고온에서 기름은 산패율이 높아지기 때문인데 가급적 고온에서 쓸 수 있는 식용유를 사용하는 것이 좋겠다.

조리 난이도
중
조리시간
40분
1인분
120g 전후

면
스파게티

# 콩국수

콩에는 몸에 있는 나쁜 독소들을 해독하는 작용이 뛰어나다. 이소플라본에는 식물성 여성호르몬이 많아 갱년기 여성의 골다공증 등에 좋은 효과를 보인다. 갈증해소, 변비예방, 피부미용, 고혈압에 좋아 특히 여름에 먹으면 시원함과 함께 건강까지 챙길 수 있는 메뉴이다.

## 재료

| 재료 | 분량 |
|---|---|
| 백태(메주콩) | 100g |
| 잣 | 5g |
| 오이 | 20g |
| 토마토 | 20g |
| 흑임자 | 조금 |
| 소금 | 조금 |
| 후추 | 조금 |
| 맛술 | 3ml |
| 생수 | 200ml |
| 통밀소면 | 50g |

## 조리방법

1. 백태는 미리 물에 충분히 불려 끓는 물에 삶아 건져 식힌 후 겉껍질은 최대한 제거하고 믹서기에 곱게 갈아준다.(이때 잣도 함께 넣어 갈아 국물을 만들면 훨씬 고소한 콩국수 육수를 만들 수 있다)
2. 오이는 돌려깍기하여 채 썰고, 토마토는 반달로 썰어 준비한다.
3. 믹서기에 곱게 갈은 백태에 흑임자, 소금, 후추, 맛술을 넣어 맛을 가미한다.
4. 소면은 끓는 물에 삶아 찬물에 헹구어 면발이 탱글탱글하게 대접에 담아낸다.
5. 대접에 담은 소면에 콩 국물을 붓고 토마토, 오이를 보기 좋게 올려 요리를 완성한다.

### Sauce & Cooking Tip

콩국수의 생명은 콩 국물이다. 물론 면발도 중요하지만 콩 국물이 고소하고 진해야 더운 여름에 먹는 콩국수의 진수를 맛볼 수 있다. 이번 레시피에 나오듯 “잣”은 고소함을 더해주는 역할이다. 간혹 땅콩, 캐슈너트 등을 사용하지만 “잣”의 고소함을 따라오기는 어려울 것 같다. 무더운 여름엔 시원한 콩국수가 안성맞춤이다.

| 조리 난이도 | 조리시간 | 1인분 |
|---|---|---|
| 중 | 30분 | 120g 전후 |

# 표고버섯 부추잡채

당면은 순수한 열량만 따져보면 유탕면보다 낮지만 그것과 별개로 혈당지수(GI)가 높다는 게 발목을 잡는다. 밀가루 국수에 비해 당면은 원료부터 혈당지수가 높은 감자 등의 탄수화물만 추출해서 수분도 거의 없는 건면이다. 이에 당뇨병 환자에게는 금물이다. 찜, 탕 등의 요리에는 부속물(사리)로 넣어 먹기 때문에 무심코 많은 양을 먹기 쉽다. 다이어트 및 체중 감량 중이라면 설탕 이상으로 피해야 한다.

## 재료

| 재료 | 분량 |
|---|---|
| 건 당면 | 30g |
| 부추 | 10g |
| 표고버섯 | 20g |
| 마늘 | 3g |
| 참기름 | 5ml |
| 후추 | 조금 |
| 간장 | 5ml |
| 맛술 | 3ml |
| 통깨 | 조금 |
| 양파 | 10g |

## 조리방법

1. 당면은 요리 전 물에 1시간 정도 불린 후 끓는 물에 삶아 준비한다.(찬 물에 헹구지 말고 실온에서 식혀야 불지 않고 맛있는 식감의 당면이 된다)
2. 부추는 먹기 좋은 크기로 자르고 표고버섯, 양파는 슬라이스한 후 끓는 물에 데쳐 물기를 제거하여 준비한다.
3. 준비된 당면, 표고버섯, 양파, 부추에 마늘, 참기름, 후추, 간장, 맛술, 통깨를 넣어 함께 버무려 요리를 완성한다.

### Sauce & Cooking Tip

당면이나 국수 등의 면 요리는 면역음식(건강식)으로는 추천치 않으나 영양의 균형과 환자의 식욕을 돋우기 위해 적절한 메뉴 구성의 안배차원에서는 필요하다고 생각한다. 특히 당뇨가 있거나 체중조절 중이라면 혈당수치를 올리고 과도한 탄수화물을 섭취하기 때문에 식사, 메뉴구성의 안배를 신중히 할 필요가 있다.
맛은 당면의 쫄깃함과 간장과 맛술에서의 단맛 등으로 맛있게 먹을 수 있으며 조리가 간단해서 잡채가 생각난다면 쉽게 요리하기 좋은 메뉴이다.

| 조리 난이도 | 조리시간 | 1인분 |
| --- | --- | --- |
| 중 | 30분 | 120g 전후 |

아보카도

# 아보카도 달걀구이

몸의 면역 체계가 약해지면 여러 질병에 걸릴 확률이 높은데 이때 비타민 A, C가 많은 아보카도를 먹으면 면역력을 키울 수 있다. 또한 아보카도에는 강력한 항산화 물질로 알려진 베타카로틴이 들어 있어 발암 물질과 암세포가 만들어지는 것을 방지한다.

## 재료

| | |
| --- | --- |
| 아보카도 | 1/2개 |
| 달걀(노른자) | 1개 |
| 오렌지 | 1/4개 |
| 소금 | 조금 |
| 후추 | 조금 |

## 조리방법

1. 아보카도는 숙성이 잘된 것으로 골라 껍질을 벗기고 속의 씨를 제거한다.
2. 달걀은 노른자만 준비한다.
3. 오렌지는 겉껍질을 제거하고 과육만 보기 좋게 썰어 준비한다.
4. 준비된 아보카도에 소금, 후추를 뿌려 주고 다시 그 위에 달걀 노른자를 씨를 뺀 아보카도 안에 넣는다.
5. **4**의 준비된 재료 위에 다시 소금, 후추를 뿌린 후 찜솥에 달걀 노른자를 충분히 익힌다. 노른자를 눌러봐서 탄력이 느껴지면 익은 것이다.
6. 접시에 준비해둔 오렌지 과육을 보기 좋게 깔고 그 위에 아보카도 달걀구이를 담아 요리를 완성한다.

### Sauce & Cooking Tip

아보카도는 느끼하면서도 고소한 맛이 일품이다. 일률적인 단백질 식단에서 간혹 아보카도를 곁들인 식단을 구성하면 한결 식사가 맛있고 풍요로울 것이다. 아보카도는 여러 가지 샐러드의 드레싱, 구이 등의 요리에 사용할 수 있는 좋은 건강식 재료이다. 하지만 숙성이 안 된 것은 떫은맛이 나 먹기 불편하므로 찜 솥에 찌거나 오븐에 구워 요리하는 게 좋다.

아보카도

조리 난이도 하
조리시간 20분
1인분 120g 전후

# 아보카도 버섯구이

아보카도는 풍부한 영양소만큼이나 다양한 효능을 가지고 있다. 풍부한 칼슘은 골다공증과 시력 향상에 도움을 준다. 비타민 E는 항산화 작용을 도와 피부와 노화 방지에 효과적이며, 제아진틴 성분은 심혈관 질환 예방에 좋다. 또한, 풍부한 식이섬유는 소화를 돕기 때문에 섭취 후 탈이 날 염려가 없다.

## 재료

| | |
|---|---|
| 아보카도 | 40g |
| 표고버섯 | 40g |
| 새송이버섯 | 30g |
| 올리브유 | 15ml |
| 소금 | 조금 |
| 후추 | 조금 |

## 조리방법

1. 아보카도는 숙성이 잘된 것으로 골라 껍질을 벗기고 씨를 제거하여 사각형 모양으로 자르고, 새송이버섯은 크기에 따라 반으로 자르거나 원 모양대로 준비하고, 표고버섯도 아보카도 모양과 비슷하게 사각형으로 잘라 준비한다.
2. 준비된 아보카도, 표고버섯, 새송이버섯은 오븐에서 140도로 15분간 굽는다.(타지 않게 유의한다)
3. 준비된 재료에 올리브유, 소금, 후추를 넣어 요리를 완성한다.

### Sauce & Cooking Tip

아보카도를 저온에서 오븐에 구우면 좀 더 담백하고 고소한 맛을 느낄 수 있다. 후숙이 잘된 아보카도라면 굳이 굽지 않아도 충분한 맛을 내겠지만 숙성이 덜 된 아보카도라면 오븐에 굽거나, 살짝 쪄서 요리하는 것도 좋은 방법이다.
버섯류는 건강식으론 최고의 식재료이다. 특히 암 환자에게는 검증된 재료로 확장된 다양한 요리를 선보여 선택의 폭을 더 넓혔으면 하는 바람이다.

| 조리 난이도 | 조리시간 | 1인분 |
|---|---|---|
| **중** | **30분** | **120g 전후** |

# 아보카도 오이 카나페

아보카도에는 많은 지방이 포함되어 있지만 그 대부분이 올리브오일에 함유되어 있는 올레인산이다. 올레인산은 다른 지방산과 비교하면 산화되기 어려운 성질이 있어 체내의 나쁜 콜레스테롤을 낮춰 준다. 고혈압의 원인 중 하나인 염분의 과잉 섭취로 나트륨량이 많아지면 칼륨과의 균형이 흐트러져 혈압이 올라가는데 아보카도에는 이 칼륨이 풍부해 고혈압 예방에 효과적이다.

## 재료

| | |
|---|---|
| 오이 | 60g |
| 아보카도 | 40g |
| 라즈베리 | 10g |
| 올리브오일 | 3ml |
| 소금 | 조금 |
| 알룰로스 | 5ml |
| 2배 식초 | 2ml |
| 후추 | 조금 |

## 조리방법

1. 오이는 먹기 좋은 크기로 자른 후 오이 속을 파내 소금, 식초, 알룰로스에 버무려 새콤달콤한 맛이 나도록 절인다.
2. 아보카도는 숙성이 잘된 것으로 적당히 다진다.(입자가 씹히는 식감이 있을 정도)
3. 다진 아보카도에 올리브오일, 소금, 식초, 알룰로스로 맛을 내 준비한다.
4. 절인 오이는 물기를 최대한 제거해주고 파낸 오이 속 안에 **3**의 아보카도를 넣어 주고 다시 그 위에 라즈베리로 장식하여 요리를 완성한다.

### Sauce & Cooking Tip

카나페 요리는 모양이 예쁘고 맛도 좋아 서양요리에서는 선호하는 에피타이저 즉 식욕을 돋게 해주는 식전 전체요리이다. 카나페는 조리사의 창의적인 발상으로 얼마든지 다양하게 연출할 수 있어 연어, 참치를 익혀 올리거나 다진 고깃살을 볶아 올릴 수도 있다.

조리 난이도 **중**
조리시간 **30분**
1인분 **120g 전후**

아보카도

# 아보카도 타파스(Tapas)

파인애플에 들어 있는 브로멜라인이라는 효소는 염증을 감소시키고, 주요 기관을 상하게 하는 독소를 분해한다. 또한 브로멜라인뿐만 아니라 요오드도 함유해 정기적으로 복용할 경우 갑상선 내의 염증을 줄여 제 기능을 할 수 있도록 도와준다.

## 재료

| | |
|---|---|
| 통밀 빵 | 70g(1개) |
| 아보카도 | 30g |
| 토마토 | 20g |
| 캐슈너트 | 10g |
| 파인애플 | 5g |
| 올리브유 | 10ml |
| 알룰로스 | 6ml |
| 소금 | 7g |
| 후추 | 조금 |

## 조리방법

**1.** 타파스 빵은 통밀로 만든 빵을 준비한다.

**2.** 아보카도는 충분히 숙성된 것으로 입자가 씹힐 정도로 다져 준비한다.

**3.** 토마토는 가로, 세로 0.5cm 크기로 잘라 오븐에 물기를 말리듯이 드라이(dry)한 후 올리브유, 소금, 후추, 알룰로스로 양념하여 준비한다.

**4.** 스프레드(spread)로 캐슈너트 소스를 준비한다.

**5.** 통밀 빵은 70~80g 분량의 크기로 준비하여 팬에서 약불로 굽는다.

**6. 5**의 재료 위에 캐슈너트 스프레드를 발라준 후 양념된 아보카도, 토마토 순으로 올려 요리를 완성한다.

### 타파스(Tapas)

빵이나 고기, 해산물 등을 얇게 썰어 곁들여 먹는 요리로 술안주, 간식, 에티타이저 등으로 널리 먹는 스페인 대표 음식이다.

## Sauce & Cooking Tip

캐슈너트 스프레드는 오븐에서 160도로 7분 정도 구운 후 믹서기에 파인애플, 캐슈너트, 올리브오일, 알룰로스, 소금, 후추 등을 넣어 갈아 준비한다. 농도는 걸쭉한 소스 농도이면 된다.
아보카도, 토마토는 다지고 구운 후 올리브오일, 알룰로스, 소금, 후추 등을 넣어 기본적인 간을 해준다.

# 캐슈너트 소스를 올린 아보카도 구이

조리 난이도 중
조리시간 20분
1인분 120g 전후

캐슈너트에는 미네랄, 셀레늄, 리놀레산 등이 풍부하여 혈관 내 콜레스테롤을 억제 · 제거해주고 고혈압, 동맥경화, 심근경색에 좋다. 혈당조절에 좋은 클리세믹의 함량이 높아 당뇨에도 좋은 식품이다.
또한 셀레늄, 마그네슘 성분은 신체조직의 노화를 막아주는 효능이 있어 노화예방에 도움을 준다. 특히 철분, 칼슘, 비타민 등은 뼈를 튼튼하게 해주며 혈액순환, 빈혈 예방 등에도 좋은 효과가 있다.

## 재료

| | |
|---|---|
| 아보카도 | 1/2개 |
| 캐슈너트 | 20g |
| 방울토마토 | 30g |
| 올리브오일 | 20ml |
| 소금 | 조금 |
| 알룰로스 | 5ml |
| 후추 | 조금 |
| 파인애플 | 10g |
| 레몬 | 5g |

## 조리방법

1. 아보카도는 후숙이 잘된 것으로 껍질과 씨를 제거하여 먹기 좋은 크기로 자른 후 오븐에서 160도로 약 15분간 익힌다.
2. 방울토마토는 4등분하여 올리브오일, 소금과 버무려 오븐에서 140도로 약 20분간 굽는다.
3. 캐슈너트는 오븐에서 160도로 약 6분간 구운 후 믹서기에 파인애플, 레몬을 넣어 곱게 갈고 올리브오일, 소금, 알룰로스를 넣어 캐슈너트 소스를 만들어 준비한다.
4. 접시에 구운 아보카도를 올리고 그 위에 캐슈너트 소스, 구운 토마토를 올려 요리를 완성한다.

### Sauce & Cooking Tip

아보카도는 다양한 요리에 접목할 수 있는 좋은 식재료이다. 특히 건강이 좋지 않은 환자나 노인, 성장기 어린이 등에 좋으며 단백질 대용식으로도 권장하고 싶다. 캐슈너트는 빵의 스프레드 또는 샐러드의 드레싱 등에 다양하게 사용할 수 있는 식재료이다.

조리 난이도
**하**
조리시간
**20분**
1인분
**120g 전후**

아보카도

# 토마토 아보카도 카프레제

토마토는 베타카로틴과 비타민 C가 풍부한 녹황색 채소이다. 칼륨은 혈압 상승을 억제하는 기능이 있어 혈압이 높은 사람이 섭취하면 좋은 채소 중 하나이다. 토마토에는 베타카로틴과 라이코펜 같은 항산화 성분이 풍부해 닭고기나 돼지고기, 치즈 등 양질의 단백질을 곁들여 먹으면 항암효과와 피로해소에도 도움이 된다.

### 재료

| | |
|---|---|
| 토마토 | 1/2개 |
| 아보카도 | 50g |
| 라즈베리 | 10g |
| 올리브오일 | 15g |
| 알룰로스 | 3ml |
| 소금 | 조금 |
| 후추 | 조금 |
| 바질 잎 | 조금 |

### 조리방법

1. 토마토는 꼭지를 제거하고 먼저 반으로 자르고 적당한 크기로 잘라 준비한다.
2. 아보카도는 후숙이 잘된 것으로 껍질을 벗겨 살만 준비하고 바질 잎은 세척 후 곱게 다져 알룰로스, 올리브오일, 소금, 후추를 가미하여 준비한다.
3. 준비된 토마토에 양념한 아보카도를 보기 좋게 담아낸다.
4. 완성된 카프라제를 접시에 담고 다시 그 위에 라즈베리를 올려 요리를 완성한다.

### Sauce & Cooking Tip

카프레제 요리는 모짜렐라 치즈와 토마토를 함께한 에피타이져 요리로 흔히 알고 있는데 이번에 소개하는 면역음식에서는 유제품인 치즈를 사용하지 않았다. 일반 요리에서는 다양한 치즈를 사용해 카프라제 요리를 해도 좋다. 여기서는 좀 더 담백하고 바질 향이 어우러져 독특한 맛이 나도록 했다.

조리 난이도
**중**
조리시간
**60분**
1인분
**120g 전후**



# 저수분 돼지목살 수육

콩이 발효하는 과정에서 생기는 유익한 성분이 암을 예방하는 작용을 한다. 된장은 성질이 차기에 열을 내리고 가슴이 답답하고 위가 더부룩할 때 소화를 돕기도 한다. 최근 된장을 먹은 사람과 먹지 않은 사람들의 암 발생률을 비교한 보고서에서도 나타났듯이 된장에는 여러 음식에서 나오는 독소를 없애 이상 조직의 생성을 억제하는 효과도 있다.

## 재료

| | |
|---|---|
| 돼지목살 | 80g |
| 보쌈김치 | 40g |
| 양파 | 10g |
| 대파 | 10g |
| 마늘 | 5g |
| 된장 | 조금 |
| 월계수 잎 | 1장 |
| 맛술 | 3ml |

## 조리방법

1. 돼지목살은 흐르는 물에 담가 핏물을 제거해준다.
2. 보쌈김치는 별도로 준비한다.
3. 양파, 대파, 마늘은 돼지고기를 삶을 때 들어가는 부재료이므로 큼직막하게 썰어 준비한다.
4. 된장, 월계수 잎, 맛술을 섞어 돼지고기에 발라줄 된장 양념을 준비한다.
5. 돼지목살은 익힌 후 먹기 좋은 크기로 썰어 미리 재단하여 준비한다.
6. **5**의 돼지고기에 **4**의 된장 양념장을 고루 마사지 하듯 발라주고 **3**의 재료를 큰 그릇에 미리 담아놓고 그 위에 된장 양념장을 바른 돼지고기를 올려 준다.
7. **6**의 준비된 재료를 그릇에 소량의 물을 넣고 처음에는 중불 나중에는 약불로 1시간 정도 천천히 삶아 요리를 완성한다.

### Sauce & Cooking Tip

돼지고기 수육 요리는 환자나 노인 등에 좋은 단백질 요리이다. 이번 수육 요리는 가급적 저수분 요리에 가까우나 조리환경에 따라 약간의 물을 넣고 해도 무방하다. 중간에 한 번씩 고기를 뒤집어 주면 밑 부분의 눌음 현상도 막을 수 있고 고루 양념이 배 맛있는 수육 요리가 될 것이다. 된장의 선택도 중요한데 짜지 않은 것이 포인트이다.

| 조리 난이도 | 조리시간 | 1인분 |
|---|---|---|
| 중 | 30분 | 120g 전후 |

# 우엉조림

우엉에는 사포닌, 이눌린, 아르기닌 등 몸에 좋은 성분이 풍부해 면역력을 높여준다. 또한 항산화 효과로 피부 재생이 뛰어나 노화를 늦추는데 도움을 준다. 이 밖에도 항암효과와 동맥경화, 뇌졸중, 심장병을 예방해 주며, 나쁜 콜레스테롤을 분해하고, 활성산소를 제거해 준다. 육류와 가공식품을 많이 먹어 산성 체질인 경우 꾸준히 우엉차를 마시면 좋은 알칼리 체질로 개선해주는 등 다양한 효능이 있다.

## 재료

| 재료 | 분량 |
|---|---|
| 우엉 | 70g |
| 표고버섯 | 30g |
| 대파 | 2g |
| 육수 | 200ml |
| 간장 | 10ml |
| 맛술 | 3ml |
| 후추 | 조금 |
| 알룰로스 | 3ml |
| 카놀라유 | 5ml |
| 마늘 | 3g |

## 조리방법

1. 우엉은 껍질을 벗기고 길이의 모양대로 길게 썰어 준비한다.
2. 표고버섯은 슬라이스하고, 대파는 녹색 부분으로 슬라이스한다.
3. 팬에 카놀라유를 두르고 다진 마늘을 볶다가 우엉을 볶아준다. 우엉이 어느 정도 익으면 간장, 맛술, 육수를 넣고 약불에서 졸인 다음 알룰로스와 간장, 후추 등을 넣어 맛을 본다.
4. 표고버섯은 따로 팬에 볶아 준비한다.
5. 졸인 우엉과 표고버섯을 섞은 후 접시에 담고 슬라이스한 대파를 올려 요리를 완성한다.

### Sauce & Cooking Tip

조림을 할 때에는 한 번에 음식의 간을 완성하면 안 된다. 먼저 밑간 차원의 양념을 넣어 1차로 졸이고 간장, 소금 등을 넣어 최종적으로 간을 맞추어야 한다. 이는 불의 세기 등 여러 조리 환경을 고려해야 하기 때문이다. 이번 요리에는 "육수"가 있는데 요리를 꾸준히 하는 병원이나 요리업장이라면 매일 쓸 만큼의 육수를 준비한다. 육수는 대표적으로 양파, 대파, 무, 표고버섯 등의 채소육수와 멸치, 북어, 건새우 등으로 내는 해산물육수가 있다. 재료를 구하기 쉬운 종류를 선정해서 매일 일정한 양의 육수를 내어 요리하면 음식의 깊은 맛을 유지할 수 있다.

| 조리 난이도 | 조리시간 | 1인분 |
|---|---|---|
| **중** | **20분** | **120g 전후** |

기타 요리

# 중국식 표고버섯 탕

마늘에 함유된 알리신 성분은 세균을 억제하고 암세포의 발병을 억제하는 효능이 있다. 게르마늄과 셀레늄 역시 같은 작용을 하고, 정력, 체력증강, 강장 피로해소의 효능이 있다. 동맥경화와 고혈압을 개선시키며, 신경안정 및 진정, 정장, 소화 작용을 도우며 강한 해독작용이 있다.

## 재료

| | |
|---|---|
| **표고버섯** | 70g |
| **다진 닭고기** | 10g |
| **파프리카** | 5g |
| **마늘** | 5g |
| **쪽파** | 5g |
| **감자 전분** | 3ml |
| **간장** | 5ml |
| **참기름** | 3ml |
| **후추** | 조금 |
| **맛술** | 2ml |
| **카놀라유** | 10ml |

## 조리방법

**1.** 표고버섯은 크기에 따라 4등분 또는 6등분한다.

**2.** 파프리카는 가로, 세로 0,5cm로 자르고, 마늘은 다져 준비한다.

**3.** 달구어진 팬에 카놀라유를 두르고 마늘, 표고버섯, 파프리카를 넣어 볶다가 간장<맛술<참기름<후추 순으로 양념한다.

**4.** 볶은 **3**의 재료에 물에 푼 감자 전분을 넣어 걸쭉하게 농도를 맞추어 요리를 완성한다.

**5.** 접시에 담을 때 다진 쪽파를 올려 가니쉬하여 제공한다.

### Sauce & Cooking Tip

사실 전분이 들어간 요리가 면역음식인가? 하는 의구심이 생길 수 있다. 또한 팬프라이 등 식용유를 과하게 사용하는 음식 또한 면역음식인가? 자문하기도 한다. 하지만 제한된 면역음식(건강음식)만 고집하여 먹는 이의 영양 불균형을 초래하는 건 아닐까 하는 역설적인 생각이 들 때도 있다.

음식은 추억이고 어떤 이는 그런 추억을 먹는다고 한다. 그만큼 몸이 아프면 그리운 음식이 많아지는데 그런 환자들에게 건강에 좋은 음식을 만들어 영양의 균형을 맞출 수 있다면 그게 진정한 면역음식이 아닌가 한다.

| 조리 난이도 | 조리시간 | 1인분 |
|---|---|---|
| 중 | 30분 | 120g 전후 |

기타 요리

# 통밀 빵 토마토 타파스

레몬의 비타민 C는 추위에 견딜 수 있게 신진대사를 원활히 하여 체온이 내려가는 것을 막아주며, 피부와 점막을 튼튼하게 해 준다. 또한 세균에 대한 저항력을 높여서 겨울철 감기를 예방할 수 있다. 스트레스와 피로해소는 물론 피부미용에도 좋다. 레몬은 괴혈병 예방 및 치료와 암을 방지하는 화학물질도 함유하고 있다.

## 재료

| 재료 | 분량 |
|---|---|
| 통밀 빵 | 1장 |
| 캐슈너트 | 10g |
| 토마토 | 40g |
| 모둠 견과류 | 10g |
| 올리브오일 | 15g |
| 알룰로스 | 5g |
| 소금 | 3g |
| 후추 | 조금 |
| 식초 | 조금 |

## 조리방법

1. 통밀 빵은 반으로 자른 후 토스터기에 굽는다.
2. 캐슈너트는 160도로 약 6분간 오븐에 구운 후 믹서기에 생수를 넣고 곱게 갈아 소스 형태로 만들고 올리브오일, 알룰로스, 소금을 넣어 맛을 낸다.
3. 토마토는 가로, 세로 1cm 크기로 자르고 140도로 약 20분간 오븐에서 천천히 드라이한 후 소금, 올리브오일, 알룰로스, 식초를 넣어 준비한다.
4. 구운 빵 위에 캐슈너트 소스를 발라주고 양념한 토마토를 올린 다음 곱게 다진 견과류(호두, 아몬드, 피스타치오, 캐슈너트)를 뿌려 요리를 완성한다.

### Sauce & Cooking Tip

몸이 불편하여 먹는 것에 예민한 사람이라면 정제된 밀가루가 곱지 않은 건 사실이다. 사실 통밀가루도 결국 밀을 갈았기에 혈당 수치를 쉽게 올린다는 점에서 일반 밀가루와 큰 차이는 없다. 다만 빵이 먹고 싶다면 한 번쯤 다른 채소나 토마토 등과 함께 요리하여 먹으면 어떨가 싶다. 그런 측면에서 일반 정제된 밀가루보다는 그래도 통밀가루를 사용하는 게 낫다고 생각한다.

## 저자소개

| 김남수

- 경주대학교 일반대학원 관광학박사
- 청운대학교 호텔관광대학원 호텔경영학석사

현) 서울송도병원 Holon 암 면역센터 면역음식 연구, 개발 Chef
사단법인 한국외식조리협회 회장
청운대학교 호텔경영학과 외래교수
Ramada Songdo Hotel Executive Chef
Miranda Hotel Executive Chef

| 안성근

- 경기대학교 경영대학원 호텔경영학과 관광학박사
- 경희대학교 경영대학원 호텔경영학석사
- GRAND HYATT HOTEL(F&B Manager)
- 한국와인 소믈리에학회 고문
- 한국관광 레저학회 부회장
- 한국호텔전문경영인협회 이사

현) 청운대학교 호텔경영학과 교수

**내 몸을 살리는 면역음식**

2022년 6월 20일 초판 인쇄
2022년 6월 30일 초판 발행

**저　자** 김남수 · 안성근
**발행인** 한 인 환
**발행처** 도서출판 **기 문 사**
**등　록** 1978. 8. 9. NO. 6-0637
**주　소** 서울시 동대문구 안암로 50-1(용두동) 홍신빌딩 3층
**전　화** 02) 2265-7214/922-8662~8663
**팩　스** 02) 922-8772

homepage : www.kimoonsa.co.kr
e-mail : book@kimoonsa.co.kr

ISBN : 978-89-7723-916-6 13510

정가 : 25,000원